星云大师演讲集 07

星云大师 著

人间与实践

生活·读书·新知三联书店

Copyright © 2015 by SDX Joint Publishing Company
All Rights Reserved.
本作品版权由生活・读书・新知三联书店所有。
未经许可,不得翻印。
本书由上海大觉文化传播有限公司独家授权出版中文简体字版。

图书在版编目(CIP)数据

人间与实践/星云大师著. —北京:生活・读书・新知三联书店,2015.4
(星云大师演讲集)
ISBN 978-7-108-05246-9

Ⅰ.①人… Ⅱ.①星… Ⅲ.①佛教—通俗读物 Ⅳ.①B94-49

中国版本图书馆 CIP 数据核字(2015)第 017168 号

责任编辑	麻俊生
封面设计	储 平
责任印制	卢 岳 张雅丽
出版发行	生活・讀書・新知 三联书店
	(北京市东城区美术馆东街22号)
邮 编	100010
印 刷	三河市嘉科万达彩色印刷有限公司
版 次	2015年4月北京第1版
	2015年4月北京第1次印刷
开 本	880毫米×1230毫米 1/32 印张 6.75
字 数	145千字
印 数	0,001—8,000册
定 价	28.00元

总序　人间佛教正法久住

我们生活在人间,人间有男女老少,人间有五欲六尘,人间有生老病死,人间有悲欢离合。在缺憾的世间,我们如何获得欢喜自在?如何发挥生命的价值?如何拥有安乐的生活?这是我们所要探讨的课题。

佛陀降诞人间,示教利喜,为人间开启了光明与希望;佛陀依五乘佛法,建立了"五戒十善""中道缘起""因缘果报""四无量心""六度四摄"等人间佛教的基本思想。

为了适应时代的发展,我们创办文化、教育、慈善等事业,提出"传统与现代融和""僧众与信众共有""修持与慧解并重""佛教与艺文合一"等弘法方向。多年来,以"佛法为体、世学为用"作为宗旨,人间佛教渐渐蔚然有成,欣见大家高举人间佛教的旗帜,纷纷走出山林,投入社会公益活动,实践佛教慈悲利他的本怀。

2004年，我曾在香港和台北作例行的年度"佛学讲座"，三天的讲题分别为"佛教的生命学""佛教的生死学""佛教的生活学"。我言：生命为"体"，作为本体的生命，是不增不减、永恒存在、绝对、无限、正常的；生死为"相"，每个生命所显露的现象，是有生有灭、变化无常、相对、有限、非常的；生活是"用"，生命从生到死，其中的食衣住行、言行举止、身心活动等等，无一不是生命的作用。因此，体、相、用，三者密不可分。我们既来到世间生活，就有生命，有生命就有生死，三者是一体的，其关系极为密切。因此，整个人间佛教可以说就是"生命学""生死学""生活学"。

之后，我在世界各地演讲《人间佛教的戒、定、慧三学》。所谓戒定慧，有谓由戒生定，由定发慧，由慧趣入解脱，是学佛的次第；在人间生活，更需要断除烦恼才能获得究竟的妙智，才能自在悠游于人间！

1949年，我从中国大陆来到台湾之后，为了适应广大民众的需求，毅然采取面对面的讲说弘法。从宜兰乡村的弘法，到城市各处的聚会；从监狱的开示，到工厂的布教。1975年，在台北艺术馆举行佛学讲座，首开在"国家会堂"演讲佛学之风。接下来，我弘法的脚步，由北至南，由西至东，从学校到部队，从岛内到岛外。近二十年来，随着弘法的国际化，我更是终年在世界各地云水行脚，奔波结缘。

演讲的对象，有一般男女老少的信众，也有大专青年、企业界精英、教师、警察等特定对象。讲说的内容更是包罗万象，经典方面有《六祖坛经》《金刚经》《维摩诘经》《法华经》等，也讲说佛教的义理、特质与现代生活的种种关系，以及佛教对社会、政治、伦理、经济、心理、民俗、命运、神通、知见、因缘、轮回、死亡、涅槃等各种问题的看法。

　　三十年前，佛光山的弟子们将我历年来演讲的内容，陆续结集成书，并定名为《星云大师演讲集》丛书，二十多年来不知再版了多少次！许多读者将此套书视为认识佛教、研究佛学必读之书，也有不少出家、在家弟子，以此演讲集作为讲经说法的教材。

　　这套演讲集已缺书好一段时间，不时有人频频询问、催促再版。我重新翻阅，觉得此套演讲集讲说时隔近三十年，抚今追昔，虽然佛法真理不变，人心善美依然；环境变迁有之，人事递嬗有之。因此，决定将此书全新改版，去除与现今社会略微差异之处，重新校正、修订、增删，并依内容性质，分类为《佛光与教团》《佛教与生活》《佛法与义理》《人生与社会》《禅学与净土》《宗教与体验》《人间与实践》《佛教与青年》等册，总字数百余万字。为保存、珍重历史，同时又为方便后人参考、查询，我将演讲的时间、地点记于每篇文章之后。

　　我出家已超过一甲子，毕生竭力于人间佛教的弘扬与实践，主要是希望全世界各族群能相互尊重，人我能相互包容，社会彼此和谐进步。这套演讲集是为我初期弘法历程，以及一以贯之的人间佛教思想理念的鲜明见证。

　　出版在即，为文略说弘法因缘，并以心香一瓣祝祷人间佛教正法久住，所有众生皆能身心自在，共生吉祥。

星云　于佛光山法堂

目 录

001	人间佛教的蓝图
094	人间佛教的思想
108	人间佛教的建设
122	佛教现代化
149	现代佛教的四化
156	现代佛教的建设
164	今日佛教的希望
177	佛教的未来观
194	佛教寺院经济来源

人间佛教的蓝图

人间佛教的理念来自佛陀,
因为佛陀出生在人间,
修行在人间,成道在人间,
度化众生在人间,一切以人间为主。

人间佛教的建设,在佛教界已经逐渐达成共识了!中国大陆以及台湾、香港两地都在发扬人间佛教,自无疑义;日本虽无人间佛教的口号,但其所行所为,例如寺院的开放、僧侣的参加社会事业、檀家制度的设立,以及佛教界创办大学、开设百货公司等,也都充满了人间佛教的思想与具体实践。乃至韩国也把古老的教团逐渐现代化,例如成立电视台等,未来走上人间佛教的路线,这也是时代的自然趋势。

此外,越南、马来西亚、印度尼西亚、菲律宾等,都是大乘佛教的教区。所谓人间佛教,也就是菩萨道的大乘佛教,现在只有部分的南传佛教还停滞在小乘、原始的阶段,但是近闻斯里兰卡、泰国、缅甸有识之士,对未来佛教的发展,也已偏向人间佛教,例如在泰国具有极大群众力量的法身寺,从"法身"(dhammakaya)这个名词即可知道,他们也在积极地走向大乘菩萨道。泰国的比丘尼达摩难陀（Dhammananda）于2001年2月6日在斯里兰卡的达柏达沙玛兰寺（Tapodaramaya），公然受持沙弥尼戒法，向不求革新的传统挑战；柬埔寨佛教大众部僧王德旺（Tep Vong）长老、斯里兰卡西区首座达摩罗卡（Pandith Talalle Dharmaloka Anunayaka Thera）长老、斯里兰卡佛教巴利文大学副校长甘布卢甘伟瓦日拉（Kumburugamawe Vajira Maha Thera）长老、印度摩诃菩提协会会长玛巴拉迦玛伟波拉撒拉（Dr. Mapalagama Wipulasara Maha Thera）长老、尼泊尔达摩吉帝佛教月刊主编阿斯瓦哥斯（Bhikkhu Ashwaghosh）法师、泰国摩诃珠拉佛教大学巴拉摩诃松载普罗斯旺（Phra Maha Somchai Prohmsuwan）副校长等大德高僧，联合参加印度的三坛大戒，并且担任三师暨尊证之职；佛光山国际佛教促进会在斯里兰卡出版人间佛教的书籍，并且于科伦坡的达柏达沙玛兰寺举办新书发布会时，有罗哈拿派系主席罗睺罗（A. Sn Rahula）长老、律学长老难陀拉达那（K. Nandaratana）、肯兰尼亚大学哲学所所长达亚·伊迪里辛（Daya Edirisinghe）教授、斯里兰卡佛教会副主席舍拿拉克·维加亚松达拉（Senarat Wijayasundara）居士等僧信300多人出席，共襄盛举。

  从上述诸多实例证明，人间佛教的号角已经在世界各个角落响起，人间佛教的宣扬已经受到普世人类的认同，人间佛教的普及已经近在眼前了，这是毋庸置疑的事实。

  所谓"人间佛教"，不是哪个地区、哪个个人的佛教；追本溯源，人间佛教就是佛陀之教，是佛陀专为人而说法的宗教。人间佛教重在对整个世间的教化。一个人或一个团体，要能够在政治上或在经济上对社会有所贡献，才会被大众所接受；同样的，佛教也一定要与时代配合，要能给人欢喜，给人幸福，要对社会国家有所贡献，如此才有存在的价值，否则一定会遭到社会淘汰。

佛教有很好的资源，如文学、艺术、音乐，都可以成为度众的因缘，可是过去一直很少有人应用，只知强调无常、无我、苦、空的认知，而没有人间性、建设性的观念，难怪佛教兴盛不起来。

60多年来，我所推动的佛教，是佛法与生活融合不二的人间佛教。人间佛教不是佛光山自创，人间佛教的理念来自佛陀，因为佛陀出生在人间，修行在人间，成道在人间，度化众生在人间，一切以人间为主。因此，教主本身就是人间佛陀，他所传的就是人间佛教。

人间佛教是人生所需要的佛教。过去的佛教由于一些人士的误导，较注重山林与出世的形式，现在的佛教则要从山林走入社会，从寺庙扩及家庭，把佛教落实人间，使生活美满，家庭幸福，在精神上、心灵中、人际间都很和谐。佛光会员四句偈"慈悲喜舍遍法界，惜福结缘利人天，禅净戒行平等忍，惭愧感恩大愿心"，即是说明人间佛教的菩萨行谊。可以说以人为本、以家为基点，平等性、普遍性如观世音菩萨大慈大悲无私的救度众生，将佛法落实在生活中，就是人间佛教。

"人间佛教"重视生活里的道德思想净化，以及精神心灵的升华。如果你相信因果，因果在你的生活中有受用，因果就是人间佛教；你相信慈悲，慈悲在你的生活中有受用，慈悲就是人间佛教。三皈、五戒、六度、十善都是人间佛教。人间佛教就是救度大众的佛教，举凡著书立说、设校办学、兴建道场、素斋谈禅、讲经说法、扫街环保、参与活动、教育文化、施诊医疗、养老育幼、共修传戒、佛学讲座、朝山活动、念佛共修、佛学会考、梵呗演唱、军中弘法、乡村布教、智慧灵巧、生活持戒，以及缘起的群我关系、因果的循环真理、业力的人为善恶、灭道的现世成就、空性的包容世界、自我的圆满真如等等，这些都是人间佛教。人间佛教是现实重于玄谈、大众重于个人、社会重于山林、利他重于自利。凡一切有助于增进幸福人生的教法，都是人间佛教。

有感于过去学者们常把佛教的理论搬来搬去，说是论非，分歧思想，造成佛教的四分五裂，殊为可惜。其实，佛教本来就是"唯有一乘法，无二亦无三"，道理不在辩解，而重在同一信仰。就等于我们经常阅读经文，义理明了；阅读注解，反而不知所云。佛教的学术论文，重在给人信心，给人明白，给人一以贯之，对义理融会了然。佛教常讲般若智慧，为的是去除分别；但实际上佛教界过去的各宗各派、各种议论，重重叠叠，异说纷纭。虽说佛教博大精深，但歧途杂论，未能有益于佛心证道，明白说，我们并不喜欢谈是论非的佛法，我们需要的是一乘直入的人间佛教。

人间佛教是易懂难行之道，今日的佛教界，讲经说论，可以舌灿莲花，滔滔不绝；讲说人间佛教，何其难哉！即使能讲人间佛教，也是肤浅的口号，不能身体力行。人间佛教是实用的佛法，行住坐卧、衣食住行、举心动念，生活中哪一项能离开人间佛教呢？

我们虽生在人间，犹如身在庐山中，不识庐山真面目。今为帮助世人一窥人间佛教的风貌，仅就佛法经论、古德懿行中，有关人间佛教的各项实践，整理而略论伦理观（居家之道）、道德观（修养之道）、生活观（资用之道）、感情观（情爱之道）、社会观（群我之道）、忠孝观（立身之道）、财富观（理财之道）、福寿观（拥有之道）、保健观(医疗之道)、慈悲观(结缘之道)、因果观(缘起之道)、宗教观(信仰之道)、生命观(生死之道)、知识观(参政之道)、育乐观(正命之道)、丧庆观(正见之道)、自然观(环保之道)、政治观(参政之道)、国际观(包容之道)、未来观(发展之道)如后,希冀以此建立人间佛教的蓝图与理念。

一、伦理观(居家之道)

伦理是融洽人际关系的重要一环,一个家庭里,即使亲如父母、兄弟、姐妹、伯叔、夫妻、妯娌等眷属,也要靠长幼有序、尊卑有别、上慈下爱的伦理关系来维系,才能保障彼此之间的秩序与家庭的和谐。过去台湾在中华文化复兴运动中,特别提倡科学、民主、伦理,可见伦理在中华文化当中,占有极其重要的分量。

佛教自东汉传入中国以后,由于长期以来一直以寺院的出家僧侣为主,致使一般人以为佛教只重出世思想,忽略对居家生活的关心。其实佛教是僧俗四众所共有,也重视家庭伦理,例如《无量寿经》告诉我们:家人眷属"当相敬爱,无相憎嫉";对于资生日用要"有无相通,无得贪惜";甚至平日相处要"言色常和,莫相违戾"。从这些话就可以看出,佛陀的教化实在是深具人间的性格与生活的功用。

家庭是每个人的生活重心,孝顺则是人伦之始,是伦理道德实践的根本,所以在家庭的人伦眷属关系当中,佛教首重孝道的提倡。佛教认为,孝顺父母,报答亲恩,这是上报"四重恩"之一;反之,弑父弑母,则是不通忏悔的"五逆大罪"。《观无量寿经》更将孝顺父母列为往生净土的重要资粮。

过去，儒家主张：生养死葬、晨昏定省、和颜悦色、恭敬柔顺，此乃人子孝亲之道；佛教也说："尽心尽寿，供养父母；若不供养，得重罪。"(《五分律》)，又说："供养于父母，及家之尊长，柔和恭逊辞，离粗言两舌。"(《杂阿含经》)。但是，佛教更进一步认为："非饮食及宝，能报父母恩，引导向正法，便为供二亲。"(《不思议光菩萨所说经》)；莲池大师在《缁门崇行录》中，他把孝顺分为三等："生养死葬"，只是小孝；"荣亲耀祖"，是乃中孝；"导亲脱苦"，才是大孝。因此在《本事经》及《佛说孝子经》中一致说道："能开化其亲，才是真实报父母恩"；也就是说："父母若无信，则使起信心；父母若无戒，使住于禁戒；父母性悭吝，则使开智慧，为子能如是，始足报亲德"(《毗奈耶律》)。

佛教的孝亲思想超越一般世俗的小孝，但是过去一般人总认为"身体发肤，受之父母，不敢毁伤"，以此来批评僧侣披剃舍俗，割爱辞亲，是为大不孝。其实翻开佛教的经典，从佛陀"为父抬棺"(《佛说净饭王般涅槃经》)、"为母说法"(《佛升忉利天为母说法经》)，不但恪尽人子之道，成为孝亲的典范，甚至在《贤愚经》及《睒子经》都说：佛陀是因仁孝故，成三界之尊。

此外，目犍连尊者救母于幽冥之苦(《盂兰盆经》)；舍利弗入灭前，特地返回故乡，向母辞别，以报亲恩(《贤愚经》)；明朝蕅益大师四度割臂，为病危的母亲求寿(《蕅益大师传》)；民国的虚云和尚，三年朝礼五台山，以报父母深恩(《虚云和尚年谱》)。乃至道明织蒲供母、师备悟道报父、道丕诚感父骨、宗颐念佛度母(《缁门崇行录》)等，都说明出家人虽然在人伦关系上有了不同的内容，但并未放弃孝养父母的人子之道，因此留下不少脍炙人口的感人事迹。

例如惠心沙弥之母，勉其用功道业，不以皇帝赏赐为荣，不以母亲一人为念；洞山良价以《辞北堂书》表明志在求道的决心，其母虽然"日夜常洒悲泪"，仍抑制爱子之情，回书勉励其修道证果，尤其感人肺腑。

佛教对孝道的提倡，不但把"孝顺父母"与"供养沙门、尊重梵行"，同样列为"人法"(《摩诃僧祇律》)，尤其《心地观经》更说："勤加修习，孝养父母，若人供佛，福等无异，应如是报父母恩。"甚至《父母恩重难报经》认为："假使有人左肩担父，右肩担母，研皮至骨，穿骨至髓，绕须弥山，经百千劫，血流没踝，犹不能报父母深恩。"足见佛教对孝道的重视。

社会上，在家者有在家者的人伦关系；佛门里，僧团也有师徒与师兄弟的关系。《四分律》说："和尚看弟子，当如儿意看；弟子看和尚，当如父意看。展转相敬，重相瞻视，如是正法便得久住。"《太平御览》云："师者，发蒙之基，学者有师，亦如树之有根也。"《忠心经》云："道成乃知师恩。"佛教里，师徒之间的情谊有时更甚于世间的亲情，如晋朝昙印罹病危笃，弟子法旷七日七夜为其虔诚礼忏(《西天目祖山志》)；元朝印简遇兵难，犹一如平常事奉其师中观沼公，深受元兵敬重(《佛祖历代通载》)；布毛侍者依止鸟窠禅师16年方受点拨，了悟自家面目(《景德传灯录》)；宋朝怀志谨遵老师真净克文的遗训，坚拒住持领众，抛名利于脑后(《五灯会元》)。

此外，也有的师徒之间教学相长、互为师表，例如，道真长老接受做住持的徒弟的命令为客人倒茶、切水果，却甘之如饴；如果今日社会大众都能学习道真长老这种"老做小"的精神，必能消除许多"老少问题"与"代沟问题"。

世间一切事都是靠因缘和合而存在，缘聚则有，缘灭则散，即使亲如父子母女，一旦缘尽，终要分离，所以人要把握有缘时，好好相携相助。《心地观经》说："悲母在堂，名之为富；悲母不在，名之为贫。悲母在时，名为日中；悲母死时，名为日没。"堂上双亲健在，是人间最幸福的事，因此为人子女，当父母健在时就应该好好孝顺，千万不要等到"树欲静而风不止，子欲养而亲不待"时，徒留遗憾。

孝顺父母是人子之道，人而不孝，何以为人？佛经中除了处处指陈"慈父恩高如山王，悲母恩深如大海"（《心地观经》）的孝亲思想之外，尤其进一步要我们"视一切人犹如佛想，于诸众生如父母想"（《观普贤行法经》）。所谓"一切男子是我父，一切女人是我母"（《梵网经》），更把眷属的范围扩大到一切众生。

我们薄地凡夫，不见得人人都能做到视一切众生如父、如母，甚至如佛想，但对于家中眷属，例如亲子之间、夫妻之间、亲族之间、主仆之间，甚至出世的师徒之间，至少应如《长阿含经》所说：

子女应以五事敬顺父母：一者供养侍奉，无使匮乏；二者凡有所为，先白父母；三者父母所为，恭顺不逆；四者父母正令，不敢违背；五者父母正业，承继光大。

父母复以五事养育其子：一者教导子女，不使为恶；二者指示教授，趣向善处；三者慈爱照顾，入骨彻髓；四者妥为子女，求善婚娶；五者正当用度，随时供给。

丈夫敬妻应有五事：一者相待以礼；二者威严不媟；三者衣食随时；四者庄严以时；五者委付家内。

妻子复以五事恭敬于夫：一者体贴敬爱；二者家务整洁；三者

温柔亲切;四者诚实毋欺;五者赞叹恭维。

为人者,当以五事亲敬亲族:一者给施;二者善言;三者利益;四者同利;五者不欺。

亲族亦以五事亲敬于人:一者护放逸;二者护放逸失财;三者护恐怖者;四者屏相教诫;五者常相称叹。

雇主应以五事对待僮使:一者随能使役;二者饮食随时;三者赐劳随时;四者病与医药;五者纵其休假。

僮使复以五事奉事其主:一者早起;二者为事周密;三者不与不取;四者劳务以次;五者称扬主名。

弟子敬奉师长复有五事:一者给侍所需;二者礼敬供养;三者尊重戴仰;四者师有教敕,敬顺无违;五者从师闻法,善持不忘。

师长复以五事敬视弟子:一者顺法调御;二者诲其未闻;三者随其所问,令善解义;四者示其善友;五者尽以所知,诲授不吝。

过去儒家有谓"老有所终,壮有所用,幼有所长,鳏寡孤独废疾者,皆有所养",今日人间佛教的居家之道,应该用智慧来处理人伦之间的感情,用佛法来净化、美化、弘化、佛化家庭生活。对于老中青幼等分子,彼此之间要互相爱敬、慈孝、教育、规劝,因为家人之间是一种连锁关系,父母子女等眷属就像锁链一样的环环相扣,绝不可分割,人人尽其在我,相敬相爱,个个身心健全,融洽和谐,家庭才有欢笑,家庭伦理也必然和乐美满。

二、道德观(修养之道)

道德,是人类社会应有的修养,人之所以异于禽兽者,正是因为人有道德的观念。道德是维系国家的纲纪法令使之不乱者,一个国家社会,如果人民失去了道德的规范,则公务人员贪赃枉法,假公济私;工商经营偷斤减两,以假乱真;朋友之间猜疑嫉妒,中伤诽谤;邻里之间挑拨离间,搬弄是非;甚至人群里,到处充斥着愚昧邪见、顽强固执、你争我夺、寡廉鲜耻、自私自利、损人利己的人。因此,有道德的观念和生活,社会才能和谐,家庭才能安乐,朋友才能守信,人我才能互助。

何谓道德?凡是举心动念,对社会大众有利益的,就是道德;反之,对别人有所侵犯,甚至危害到社会安全的,就是不道德。佛教是以人为本的宗教,佛教的道德标准涵盖世间的理法纲常,例如《法苑珠林》说:"入朝辅王,立志存忠;居家事亲,敬诚孝终。"又说:"力慕善道,可用安身;力慕孝悌,可用荣亲。"

此外,《大宝积经》说:"终不望他众,谁者能令和,给学者所乏,不离别众生。"《无量寿佛经》说:"粗言自害害彼,彼此俱害;修习善语自利利人,彼我兼利。"乃至《出曜经》说:"害人得害,行怨得怨;骂人得骂,击人得击。"《佛说须赖经》说:"欺为众恶本,自绝善行业,是故致痛聚,妄言何益人。"等,皆是人我之间的修养之道。

佛教以五戒十善作为人本的道德标准,倡导"诸恶莫作,众善奉行",不侵犯别人的身体、钱财、名誉、尊严,彻底改造人心,令人伦纲常有序,导正社会善良的风气。佛教以实践六度作为道德生活的准绳。六度中,持戒、禅定、智慧三者,即所谓戒定慧三学,可以对治贪瞋痴三毒,能克制人类自私的念头。如持戒就不会自私,不会自私,贪念就不会生起;如禅定就不会损人,不会损人,瞋恚就不会生起;如修慧就不会无明,不会无明,愚痴就不会存在。贪瞋痴一除,行布施度,则仁慈的悲心油然生起;行忍辱度,则坚毅的精神就可具备;行精进度,则勇猛的力量即能充实一切。

所以,佛教的五戒是做人应遵守的"根本道德";十善是内心净化、人格升华的"增上道德";因果业报是世间不变的"善恶道德";六度则是大乘菩萨自利利他、自觉觉他的道德基础。

《大戴礼记》云:"道者,所以明德也;德者,所以尊道也。是故非德不尊,非道不明。"周敦颐说:"动而正曰道,用而和曰德。"又说:"天地间,至尊者道,至贵者德而已矣!"佛教和儒家相同的地方,都是重视道德的生活;孔子不言怪力乱神,真正的佛教也不标榜神奇灵异,而重视慈悲道德。佛教的四摄六度、五戒十善,以及正知正见、布施结缘、不念旧恶、惭愧感恩、守护六根、利乐有情、四恩总报、弘法利生、尊重包容、心意柔和、爱语赞叹、守护正念、大公无私、舍己为人、抑己从公等,都是有关道德的修行。

《禅林宝训》里,宋朝的明教契嵩禅师曾经譬喻说:一个人如果被人比作桀纣幽厉,则要生气;比作伯夷叔齐,则会欢喜。桀纣幽厉,人君也,为何比之则生气?伯夷叔齐,饿夫也,为何比之则高兴?这就是有道德与没有道德的差别。正如《六度集经》说:"吾宁守道,贫贱而死;不为无道,富贵而生。"

宋朝汾阳无德禅师也说:"今之重学,古之重德;德学相扶,堪为轨则。"人生世间,人人都应该负起化导社会的责任,具有道德的人,往往能以身教影响大众。

一般人以为有了财富,人生就有了价值;有了名位,人生就有意义,其实人生的真谛并不在此,有了道德的人生才是最重要、最圆满。佛经中,有关个人道德修养身心的教示,诸如:

当爱乐人德,欣乐人善,不可嫉之。(《阿难问事佛吉凶经》)

扬人善事,隐他过咎;人所惭耻处,终不宣说。闻他密事,不向余说。(《优婆塞戒经》)

不求他过失,亦不举人罪,离粗语悭吝。(《大宝积经》)

但修自己行,莫见他邪正,口意不量他,三业自然净。(《历代法宝记》)

见人之过,口不得言;己身有恶,则应发露。(《诸经要集》)

常省己过,不讼彼短。(《维摩诘经》)

见善努力,闻恶莫亲;纵居暗室,如对大宾。(《缁门警训》)

常自观察己所行,不见他人所阙失,与众和颜无违争。(《月灯三昧经》)

常说柔软语,远离于恶口。(《大方广十轮经》)

莫于他边见过失,勿说他人是与非;不着他家净活命,诸所恶言当弃舍。(《发觉净心经》)

见世之过患,身自依法行。(《五分律》)

若人打骂不还报,于嫌恨人心不恨;于瞋人中心常静,见人为恶自不作。(《弥沙塞羯磨本》)

自受乐时,不轻他人;见他受苦,不生欢喜。(《优婆塞戒经》)

所谓"君子之德风,小人之德草,草上之风必偃。"通常以"德"服人,人皆能心悦诚服。所以我们要想在社会上成功立业,最重要的,应该要有道德的修养,要过道德的生活。

三、生活观(资用之道)

人,每天都要生活,生活最起码的需求就是衣食住行等资生日用。但是,同样的物质生活,每个人的需求不一,有的人吃要山珍海味，住要高楼大厦，穿要绫罗绸缎，出门非进口轿车不坐；有的人则是粗茶淡饭、布衣粗服，生活却过得欢喜自在，所以一个人的物质生活应该享有多少才能快乐，并没有一定的标准。

佛教对于日常生活的资用之道，并没有要求每一个信徒一定要苦修，当吃，要吃得饱；当穿，要穿得暖。只是，除了生活所需，在饮食服饰日用等各方面，不应该过分奢侈浪费。因为物质容易引起我们的欲望，让我们生起贪恋的心。物质是有穷尽的，欲望是无穷尽的，一旦被物质引诱，则苦海愈陷愈深。所以，佛教的学道者一向生活朴素淡泊，平时所拥有的衣物合计不过二斤半重，游方僧侣随身携带杨柳枝、澡豆、水瓶、坐具、锡杖、香炉、滤水囊等"头陀十八物"及"三衣钵具"，就可云游天下。

钵是出家人的食器，又名"应量器"，也就是饮食要知节量，勿生过分贪欲之心。如《释氏要览》中说："《梵摩难国王经》云：'夫欲食，譬如人身病服药，趣令其愈，不得贪着。'"《杂阿含经》说："人当自系念，每食知节量，是则诸受薄，安消而保寿。"《佛遗教经》说："受诸饮食，当如服药。于好于恶，勿生增减，趣得支身，以除饥渴。"

此外，进食时，心存五观，更是一种健康饮食的方法。即：(1)计功多少，量彼来处；(2)忖己德行，全缺应供；(3)防心离过，贪等为宗；(4)正事良药，为疗形枯；(5)为成道业，应受此食。(《敕修百丈清规》)

在物质上不贪心执着，精神生活自能升华扩大。佛陀日食麻麦充饥、大迦叶尊者居住冢间、鸟窠禅师巢居树上、大梅法常荷衣松食、六祖大师吃肉边菜、游方僧方便吃三净肉等。他们山崖水边,日中一食,衣钵以外别无长物,而其解脱自在的心胸,你能说他是一个穷者吗?反观今之居高楼、坐汽车、童仆盈门,但每天为金钱周转、为股票涨跌而愁眉不展的人,你能说他是富有的吗?那些拥资千万,家有良田万顷,但却悭吝不舍、时时觉得自己不够的人,你能说他是富有的吗?所以富者不是真富,穷者不是真穷,贫富之间不可以从金钱物质上去衡量。

佛教虽然不太重视资用生活,但是世间还是要借物质来呈现庄严。一个寺庙里,大雄宝殿如果不是巍峨堂皇,怎么会有人来参拜?佛像如果不庄严宏伟,怎么会有人尊敬?西方极乐世界,因为黄金铺地,七宝楼阁,富丽堂皇,所以才能接引众生,欣然往生其国。

淡泊物质,是自我要求,但不能用此标准来要求别人。佛门虽然讲究个人的生活要简单朴素,但对大众则建广单,接纳十方大众挂单。正如杜甫的《草堂诗》说:"安得广厦千万间,庇荫天下寒士俱欢颜。"

佛教虽然排斥物欲,反对过分耽迷于物质享受,但在普通社会里,适度的拥有物质文明的享受是合乎道德的。不过对于一些实践苦行的人,希望借着淡泊物欲来磨炼自己的意志,也是为人所称道的。例如丛林里的生活,师父往生了,衣单用物又再传给弟子,一件衣服即可传递数代;就是我自己几年的丛林生活也莫不如此。假如我们对物质有远离的看法,就能不受物役,就能不为形累。所以《金刚经》叫人不可住于色、声、香、味、触、法等六尘的境界上。因为五欲六尘中缺陷很多、苦恼很多,一旦身陷其中,则不容易超脱,所以《大宝积经》云:"财宝色欲及王位,无常迅速须臾顷;智者于斯不欣乐,勤求上妙佛菩提。"《华严经》也说:"常乐柔和忍辱法,安住慈悲喜舍中。"如果我们能淡泊物欲,勤求法乐;能够欢喜柔和、忍辱、拥有慈悲喜舍,这才是我们的生活之道。

社会上一般人的生活,物质占去了主要的部分;试想生活里的食衣住行、行住坐卧,哪一项能少得了物质?哪一项能不与物质发生关联?因为生活缺少不了物质,所以人类就甘愿做物质的奴隶。其实,人生不必只追求享乐、富有;人生不要做金钱的奴隶,应该增加生活的情趣、提高生活的品位。例如住家环境的整洁美化,有助于生活品质的提升,因此,每日勤于打扫庭院,把家里整理得窗明几净、舒适,院中亦可莳花植草,以增进生活意趣。乃至偶尔与三五好友到郊外游山玩水,也会提升生活的品位。尤其能把自我融入工作或大自然之中,如花朵般给人欢喜,如山水般给人欣赏,如桥梁般供人沟通,如树荫般让人乘凉,如甘泉般解人饥渴;能够自我创造生命的价值,这才是我们所应该追求的生活品味。

总之,人要生活,猪马牛羊也要生活,即使昆虫、动物,都需要生活。但是,生活的品位,各有不同。现代人追求时尚的品牌服饰、流行的化妆,甚至时兴瘦身、美容等"改造"的功夫;其实真正的美丽是一种从内在自然流露出来的威仪、庄严、安详、自在,所以《法句譬喻经》说:"慧而无恚,是谓端正。"能够用心改造一下自己的个性、习惯、观念、人际关系,把不好的改好、把不善的改善、把不正的改正、把不美的改美,这才是人生最基本的生活品质。

因此,人间佛教的生活观,主张生活必须佛法化,也就是除了金钱、爱情以外,在生活里还要增加一些慈悲、结缘、惜福、感恩的观念,甚至于明理、忍辱的佛法,生活里有了佛法,比拥有金钱、爱情更为充实。

四、感情观(情爱之道)

人的生命从哪里来？根据佛教的"十二因缘"说明，生命是从"爱"而来的。爱是生命的根源，所谓"爱不重不生娑婆"，父母相爱，我爱父母，我的情识之中含藏了许多爱和不爱的种子，所以投生到人间，并因为爱而累劫在生死里沉沦，因此《出曜经》说："人为恩爱惑，不能舍情欲；如是忧爱多，潺潺盈于池。"

人因为有情爱牵绊，所以轮回生死；人因为有情感，因此称为"有情众生"。然而"法非善恶，善恶是法"，如果爱得不当，固然爱如绳索，会束缚我们，使我们身心不得自由；爱如枷锁，会锁住我们，使我们片刻不得安宁；爱如盲者，使我们身陷黑暗之中而浑然不知；爱如苦海，使我们在苦海中倾覆灭顶。但是，"爱的净化是慈悲，爱的提升是智慧"，如果能将爱升华为慈悲，则"慈息瞋恚，悲止害觉"(《菩萨地持经》)。又《增一阿含经》说："诸佛世尊，成大慈悲，以大悲为力，弘益众生。"慈悲是诸佛菩萨度众不倦的原动力，人人若能以慈悲相待，则爱如冬阳，可以溶化冰雪寒霜，可以激发人性的真善美，爱实不失为一种鼓励向上的力量。

因此，佛教并不排斥感情，但却主张以慈悲来运作感情、以理智来净化感情、以礼法来规范感情、以般若来化导感情。佛教鼓励夫妻之间要相亲相爱，亲子之间要互敬互谅，朋友之间要相互惜缘，进而做到"无缘大慈，同体大悲"，亦即将一己的私爱，升华为对一切众生的慈悲。例如佛陀静坐路中以阻止琉璃王攻打祖国，他以"亲族之荫胜余荫"感动琉璃王退兵(《增一阿含经卷二十六》)；

佛陀对眼盲的弟子的爱护,诸如为患病比丘看病(《毗奈耶》)、为阿那律穿针(《增一阿含经》卷三十一),乃至佛陀的本生谭里"割肉喂鹰、舍身饲虎"等等。正如《大乘宝要义论》说:"多诸有情于身命等皆生爱着,以爱着故广造罪业堕恶趣中;若复有情起大悲已,于身命等不生爱着,以不着故生于善趣。复能于彼一切有情,运心广行布施等行,一切善法相应而作,修菩萨者以大悲心而成其身。"所以《涅槃经》说:"如来即是慈悲喜舍,慈悲喜舍即是解脱。"

慈悲就是情爱的升华,佛陀的弘法利生、示教利喜,就是爱;观世音菩萨的大慈大悲、救苦救难,就是爱。爱就是为了你好;爱你就要成全你,要尊重你,要给你自由,要给你方便。爱是美的,爱是善的,爱是真的,爱也是净的;佛教本质上即是慈悲与净爱。

《观无量寿经》说:"诸佛心者,大慈悲是,以无缘慈摄诸众生。"《大智度论》也说:"如慈母养育婴儿,虽复屎尿污身,以深爱故而不生瞋,又愍其无知。菩萨于众生亦如是。"菩萨悯念众生,不分亲疏,因此我们应该学习诸佛菩萨,把爱从狭义中超脱出来,不只是爱自己、爱家人,更要爱社会大众、爱国家世界。我们要用慈悲去扩大所爱,用智慧去净化所爱,用尊重去对待所爱,用牺牲去成就所爱。人与人之间若能相亲相爱,则宇宙世间,何其宽广啊!过去一些曲解佛法义理的行者,总是灌输在家信众:"夫妻是冤家"、"不是冤家不聚头"等错误的观念。其实世间男女结婚,这是爱的升华、爱的圆满、爱的统一。但是爱不是单行道,爱要彼此体会对方的心,进而把对某个人的爱,扩及一切众生。过去儒家有所谓"怜蛾不点灯,为鼠常留饭";佛教也说:"当以慈心育养幼弱,见禽兽虫蛾、下贱仰人活者,常当愍念,随其所食,令得稣息。莫得加刀杖,伤绝其命"(《佛说阿难四事经》)。

爱是双向的,真正的爱是要成全对方、祝福对方,爱不是占有,而是奉献。小爱是爱与自己有关的,大爱是爱与他人有关的;真爱是爱真理、爱公理、爱国家、爱世界、爱人间的和平。所谓"生命诚可贵,爱情价更高",其实这应该是有情有义、大情大爱,是大慈大悲的情操,所以一个人什么都可以失去,但是不能少了慈悲。

然而今日社会,许多人滥用了爱,丑化了爱,例如对美色的贪爱,辣手摧花;对金钱的贪爱,盗窃贪污;对不应该为自己所有的贪爱,非法侵占。不是好因好缘的爱是害人害己,爱也能造成罪恶。

诚然,爱是罪恶之源,爱也是生死之本。虽然有爱才有生死,然而水能覆舟也能载舟;爱虽然让人迷失,然而爱也能让人升华。佛世时,摩登伽女因为迷恋阿难尊者,经过佛陀善巧度化,终于觉悟"爱是苦的根源"(《楞严经》);莲花色女在感情的世界里受到创伤,故以玩弄爱情为报复,后经目犍连尊者开导,终于认识"不当的爱是罪恶的根源",于是迷途知返。

爱维护了伦理,爱制定了秩序;父母、夫妻、子女、朋友之间,是靠爱来维系关系,是靠爱来制定层次。一个人如果连父母、夫妻、儿女都不要,如何爱所有众生?甚至有的人自杀轻生,自己毁身灭体;不爱己身,如何爱他人!因此《华严经》告诉我们,要"爱人如爱己,率己以随人"。

有爱就有力量,有爱就有希望,因为爱是人类与生俱来的本能,只要合乎法律、道德,只要合乎情法的世间人伦,佛教并未否定和排斥。佛教对爱不执不舍,尤其人间佛教更要提倡过中道的生活,用慈悲来净化所爱,用智慧来领航所爱,用善美来成就所爱,用德行来加持所爱。人的生命从爱而来,我们更应用纯爱、真爱、慈爱、净爱,来庄严美好的人间。

五、社会观(群我之道)

人是群居的动物,不管在家庭、学校或社会上立足,都免不了要与人群接触。人际关系是现代人处世很重要的一环,许多人生活里之所以有忧苦烦恼,都是肇因于群我的人际关系不和谐。因为不懂得如何善待"你",也不自知如何修持"我",甚至还强力分别你和我,因此产生人际纷争。

其实,人我之间的关系,都是靠缘分来维系,善因得善果,恶缘招恶报。然而一般人往往不能了悟这层因果关系,不仅不能相互成就,反而常常因为不服气别人比我好、比我高、比我大,而千方百计地和对方计较、争夺,总希望自己能胜过别人、赢过别人。人,一旦有了计较、比较之心,有了人我的利害得失之心,即使亲密如家人、恩爱如夫妻也不能避免互相斗争。

佛教的僧团本身就是一个社会,"僧伽"的意思就是"和合众"。佛陀虽然重视独修,但也建立僧团,表示佛教对群我关系的重视。在佛门里有谓"丛林以无事为兴隆";人和,才能无事。《三皈依文》说:"自皈依僧,当愿众生,统理大众,一切无碍。"所谓"统理大众",即"人和"二字而已。僧团里平时依"六和敬"来维系人事的和谐,即身和同住(行为礼敬)、口和无争(语言和谐)、意和同悦(善心交流)、戒和同遵(法制平等)、见和同解(思想统一)、利和同均(经济均衡),因此又称"六和僧团"。

《阿弥陀经》云,西方极乐净土"诸上善人,聚会一处"。之所以如此,就是因为和谐。和谐就是净土,一家和谐,就能一家快乐;一个社区和谐,社区就能平安。此外,解空第一的须菩提,因为深入空理,故而所证的"无争三昧",最为第一;乃至戒律学上的"七灭争法",都是僧团和谐的圭臬。

佛教是以人为本的宗教,凡是人生的各种问题,在佛法里都有圆满的解决之道。例如对于人我是非,《增一阿含经》中举出四种处理方法:"不诽谤于人,亦不观是非;但自观身行,谛观正不正。"

此外,人人都希望有好的名声,然而有的人过分地希求令名,不惜自赞毁他,说人长短过失,不但容易与人结下恶缘,而且有失厚道,往往反招恶名,所以《六波罗蜜多经》说,想要获得好的名声必须注意:"不说他人过,亦不称己德;智照无自他,当获大名称。"

《出曜经》亦说:"不可怨以怨,终已得休息。"以怨报怨,永远不能息怨,唯有以德报怨,才能结束一切冤怨的根本。例如提婆达多虽然一再和佛陀作对,甚至三番两次设计陷害佛陀,但是有一天提婆达多生病了,群医束手无策,佛陀还是亲自前往探视,给予无尽地关爱。佛陀的懿行,正如《六波罗蜜多经》说:"不念他人恶,常思其善事;智慧离分别,人中最第一。"

世间人都希望自己比别人伟大,因为有胜负之心,争执也就层出不穷;诚如《法句经》说:"胜则生怨,负则自鄙;去胜负心,无争自安。"如果我能怀着尊重你的伟大,我有拥护你、成就你的心态,自然能化戾气为祥和。

一般人总希望自己拥有的比别人多,而不顾别人的匮乏;一般人总是好逸恶劳,只求一己逸乐,不顾他人苦楚;甚至争功诿过更是一般人的通病,也是纷争的原因。如果人人都能承认自己错、自己坏,凡事不推诿、不卸责,所谓"如有暴恶人,非理相加谤;智者以诚言,安忍能除遣"(《诸法集要经》),则人我关系自然能和谐无争。

现代的社区提倡守望相助,邻里之间要互相敦亲睦邻,对独居长者要主动关怀,殷勤慰问。在佛教的《大宝积经》更说:"在家菩萨,若在村落、城邑郡县,人众中住,随所住处,为众说法。不信众生,劝导令信;不孝众生……劝令孝顺。若少闻者,劝令多闻;悭者劝施,毁禁劝戒,瞋者劝忍,懈怠劝进,乱念劝定,无慧劝慧,贫者给财,病者施药,无护作护,无归作归,无依作依。"

一个团体里,能干的人,大都能促进和谐;不能干的人,则容易引起纷争。人与人之间,能够容许异己的存在,就能和谐;尊重宽谅,就能和谐。《华严经》有谓:"说四摄法,令众生欢喜充满十方。"想协调人际间的关系,行四摄法是最好的法门。所谓四摄法,即布施、爱语、利行、同事。不论我们布施的是金钱、财物,或力量、言语,都能使人感到欢喜,有利于彼此的往来。说赞美他人的话,做有益于他人的事,表示与他是平等地位,和平相处,都是处事接物的妙方。佛经常教我们要广结善缘,就是要我们不侵犯他人,不辜负他人,并且要多多给人方便,因为给人方便就是给自己方便,不侵犯他人,才能使得他人乐意与你交往。

其实,人我彼此都是相关一体的,都是因缘的相互存在。每一个人都只是世间的一半,甚至是三分之一;"我"以外还有一个"你",你以外还有一个"他",你我他之外,还有周围接触的各种人等。

人与人之间如果关系良好,相助相成,这是很大的福分;如果相嫉相斥,则痛苦不堪。人我之间,重要的是相互尊重、包容、谅解、帮助,如果有一方不能体谅另一方,则人我之间必然会发生问题。

总之,人所以会有纷争、不平,就是因为"你"、"我"的关系不协调。因此,想要获得和谐融洽的人际关系,唯有把"你"当作"我",你我一体,你我不二,能够将心比心,彼此互换立场,才是和谐群我关系的相处之道。

六、忠孝观(立身之道)

俗云:"忠臣出于孝子之门。"一个能尽忠于国家的臣子,必然也是侍亲至孝的人子;一个懂得孝顺父母的人,也才能尽忠于国家。忠孝是齐家、治国、平天下的根本,中国数千年的历史文化,无非是教导人民如何尽忠尽孝。所以,家中如果出了一位忠臣或孝子,全乡里的人莫不同感无比的光彩;反之,一个人如果悖忠逆孝,则将为人所唾弃,必定很难在社会上安身立命。

谈到忠孝,过去一般人总认为佛教出家遁世,逃避世间,对于忠孝之道无法恪尽本分。其实佛教和儒家一样,非常重视人伦关系、道德纲常,尤其注重忠孝的实践。《净名经关中释抄》说:"忠则爱主,孝则爱亲。"《释氏要览》更说:"国有君王,一切获安,是故人王为一切众生安乐之本。在家出家,精心道检,皆依正国而得住持,演化流布。若无王力,功行不成,法灭无余,况能利济。"因此《心地观经》说世间有四种恩,应该晨暮回向祝祷:"一父母恩,二众生恩,三国王恩,四三宝恩。"此中所谓国王恩,即代表国家也。

此外,在《杂宝藏经》中,佛陀曾提出十种譬喻,说明人民应该如何尽忠仁王国君,并且进一步告诉执政的人主,应该如何爱护他的子民,为他们尽忠。佛经中说:"王当如桥,济渡万民;王当如秤,亲疏皆平;王当如道,不违圣踪;王者如日,普照世间;王者如月,与物清凉;王如父母,恩育慈矜;王者如天,覆盖一切;王者如地,载养万物;王者如火,为诸万民,烧除恶患;王者如水,润泽四方。"

一国之君既具备如此的仁德懿行,为人臣民自然会竭诚殚智地尽忠效命;同理,君王官员对于黎民百姓也应该尽心爱护,为他们谋幸福。尽忠是人我之间彼此互敬的关系,非常平等。因此,《尼乾子经》说,国君官员应该做到如下八点,以表示他们对部下僚属的尽忠:"一者,念诸一切众生如爱子想;二者,念于恶行众生如病子想;三者,常念受苦众生生大慈心;四者,念受胜乐众生生欢喜心;五者,念于怨家众生生护过想;六者,能于亲友众生生覆护想;七者,能于资生之中生如药想;八者,能于自身生无我想。"

佛陀认为理想的尽忠之道,应该是君仁臣敬,彼此互爱的融和关系,而不是上暴下惧、交互争利的各怀鬼胎。

关于尽忠,古代的沙门释子为了国家的安危,忠贞爱国从来不落人后。例如宋朝遭遇靖康之难,徽、钦二帝被掳,康王在江南即位,礼聘法道禅师参与军机大事,筹募军粮,对于日后南宋江山的保安稳定,有举足轻重的贡献。唐安禄山之乱,经济凋敝,幸赖神会大师贩卖度牒来资助军需,才得以平定叛军,这是佛教在灾难乱世对国家的效忠事迹。

佛光山大智殿设有"宗仰上人纪念堂",是为了纪念栖霞法脉的一代高僧宗仰上人。宗仰上人在民国缔造之前,曾经加入孙中山先生所领导的同盟会,捐助资金,帮助孙中山先生完成革命,当初他与孙中山先生往来的书信,都被妥善保存至今。

除了历代高僧大德对国家竭尽忠诚之外,已经成就佛道的释迦牟尼佛本身,曾经为了阻止琉璃王举兵侵略祖国,而于烈日当空静坐路中,致使琉璃王三次进兵,三次都被佛陀的慈悲所阻挡,可见佛陀和一般人一样的爱国。

佛陀不但尽忠,也非常重视孝道。佛陀的父亲净饭王去世,出殡时佛陀也参加了诸位王子抬棺的行列,亲自为父亲抬扶棺木(《佛说净饭王般涅槃经》)。佛陀为了报答母后摩耶夫人的生育之恩,特地以神通到忉利天宫为母亲说法三个月(《佛升忉利天为母说法经》)。佛陀为了感激姨母大爱道夫人的抚养恩惠,广开方便慈悲法门,允许500位释迦种族的女众出家,佛教终于有了比丘尼的教团。佛陀为了成就目犍连尊者救母于倒悬的孝心,宣说《盂兰盆经》,为后世弟子辟出一条孝亲的法门捷径。乃至中国历代高僧也有不少感人的孝亲事迹(见伦理观),处处说明佛教的孝亲思想浓厚。

此外,佛教的经典,如有名的《地藏经》《盂兰盆经》《父母恩重难报经》等,都是阐扬孝亲之道的经典,其他的三藏十二部之中,也经常可看到佛教的孝亲思想。譬如《梵网经》上说:"孝名为戒,亦名制止。"孝顺生身父母固然是孝,持戒不犯他人,以法制止身心行为,更是对有情众生的孝顺。

从上述佛陀对忠孝的诸多懿行及教诲中,不难看出佛门的忠孝观不同于古代儒家所谓"君要臣亡,臣不亡不忠;父要子死,子不死不孝",那种陷君亲于不义不仁的愚忠愚孝之观念。

佛教认为,所谓"忠",有诚实不二、锲而不舍,有一心一德、贯彻始终的意思。过去一谈到忠,一般人大都只想到承侍君王、对国家尽忠；实际上，应该扩大尽忠的层面，例如夫妻之间要忠诚、朋友之间要互信，乃至对工作要尽责，对自己的承诺要信守，对心中的信仰要坚定，甚至对自己豢养的小猫、小狗，既然养它，就要有始有终地照顾它等，都可称之为忠。

所谓忠者，不能见利忘义，不能见异思迁。忠，就是要把本分的事如实做好，例如小学生要把小学的课业照顾好，中学、大学要把中学、大学的学业完成，如果胡混日子，就是不忠于自己的本分。

忠，是一种信仰，是一种坚持，也是一种善的执着，所以尽忠的对象也要有所选择，要看值不值得。所谓"良禽择木而栖，忠臣择主而侍"；尽忠的对象必须是好的、善的、正的，要有仁义，不能尽忠邪恶，那是非法的，所以忠也要讲中心、讲正派、讲善美。

忠，是发扬仁义、慈悲、信仰。所谓"忠君爱国"，意思就是说，忠和爱是同等的。你对他效忠，就必须爱他；既然爱他，就必须对他尽忠。

忠的含义，就是专注、不二、完成、圆满的意思：能够专注不二，不计成败地竭尽自己的忠诚，完成自己的责任，当下即已圆满忠贞之行。所以所谓"尽忠"，并不是要我们捐弃生命，做无谓的牺牲，只要每个人都能站在个人的岗位上，把分内的工作做好，尽到本分应尽的责任，就是尽忠。譬如家庭主妇把家里整理得窗明几净，有条不紊，像乐园净土一般，就是对家庭尽忠；社会上每一分子都能努力工作，不偷懒，不取巧，就是对社会国家尽忠。身为佛教徒，凡我佛子，都能奉行佛法，以佛法来净化人心，改善社会风气，使民风敦厚，就是对国家民族尽忠。

自古以来，佛教寺院的设立，使每一个民众在心灵上点燃一盏明亮的灯火,祛除黑暗的愚痴无明,重现智慧光明,给予心理建设,给予精神武装,这就是佛教对社会大众尽忠;佛弟子实践佛陀的教示,以慈悲来化导暴戾,以忍辱来消除怨敌,以智慧来教育顽强,这就是佛教对一切众生的尽忠。所以,忠的含义,不仅仅是狭义地尽忠某一个人,或对某种特定对象的恭敬崇拜,忠是更广义地对大众的服务奉献。在家庭里,要忠于妻子儿女,忠于为人夫或者为人妇的一份职责;在社会上,要忠于团体、忠于公司、忠于主管上司,恪尽为人部属的一份责任。与人相处要忠于道义良心,追求理想要忠于自己的原则立场,在我们的生活里,忠的美德和我们的关系非常密切,内心忠诚的人,往往是指路的明灯,光照八方。忠的懿行,对我们人格的成长影响至深且巨。

忠和孝往往是相提并论的。忠是信仰,是追随,是学习;孝是恭敬,是爱护,是孝养。谈到孝顺,一般人以为只要对自己的父母恪尽奉养,就是孝顺了。事实上,鸟禽畜生尚且知道反哺,奉养父母只是孝顺最基本的一环,除了对父母尽孝之外,更要扩而充之,对宗族尽孝,甚至进一步扩大为对整个民族尽孝,对一切众生尽孝。

所以,现在的养老育幼,都是为了尽孝;现在的慈悲喜舍,就是要用孝敬的心来完成。我们不但要对父母尽孝,对民族、同胞、人类,都要尽孝;我们不但要对长辈尽孝,对残疾人、老弱之人也要孝养。

所谓"孝",是爱心的表现,孝是对国家、亲人一种至真感情的流露,孝是人我之间应有的一份责任,孝是人伦之际的一种密切关系,孝维持了长幼有序,是父母子女世代相承的美德;孝是对生命的挚诚感谢,更是无悔无怨的回馈报恩。佛教认为,为自己所爱是小孝,为家族亲人所爱为中孝,为国家民族所爱是大孝。甚至《盂兰盆经》说:"佛弟子修孝顺者,应念念中常忆父母,乃至七世父母。"佛陀不仅教育弟子们要孝顺当世父母,更要孝顺七世父母,乃至一切众生父母。因此,孝的意义,并不限于对今生今世父母的孝思;孝顺应该从自己的亲人做起,进而"不独亲其亲,不独子其子"地扩充至社会大众,乃至一切无量无尽的众生。不仅要孝顺自己的父母,更要泽被广大的众生父母,全心全力解决一切有情的烦恼,这才是佛教理想中的至孝。正如《金刚经》说:"所有一切众生之类,若卵生、若胎生、若湿生、若化生,我皆令入无余涅槃而灭度之。"这才能说是为众生尽孝。

如果说忠是与国、与民、与己的关系,那么孝就是与亲、与人、与生的关系。中国文化主张三纲五常,但是一切人生的重心主要在孝道的阐明,以孝顺为中心,扩而充之,对国家的孝顺就是忠,对兄弟的孝顺就是悌,对朋友的孝顺就是义,乃至对众生的孝顺就是仁。尤其今日提倡孝道,就是要如何积极去孝养父母,解决老年的孤苦,甚至解决同胞民族之间的老人问题,这才是真正的大孝。

忠孝在人间,彼此是相互的。一条狗为主人尽忠,因为感念主人对他的爱护;大臣为领袖尽忠,也是感谢君王的知遇、赏赐。我们想要别人对我们以忠孝来往,就必须先为对方付出忠诚和孝养。

偈云:"佛在灵山莫远求,灵山只在汝心头;人人有个灵山塔,好向灵山塔下修。"所谓忠孝,都是由我们内心所激发出来的一种感情、良知,一种爱心和美德,忠孝是维系人类关系的伦理纲常,唯有把忠孝的精神发扬起来,让忠孝、慈悲、爱心遍于一切时、一切处,我们的社会才会更有秩序,我们的家庭才能更加美满。

七、财富观(理财之道)

人生在世,必须有正当的事业,透过勤奋经营,使得衣食丰足,生活安定,然后才能从事种种的善事,此即所谓"衣食足,然后礼乐兴"也。

然而过去原始佛教的行者大多不重视财富而重清修,他们追求朴素淡泊的生活,倡导清贫思想,认为简朴才是修行,淡泊才是有道。其实从大乘佛教的经典来看,例如《阿弥陀经》的极乐世界,黄金铺地,宫殿楼阁皆为七宝所成,极尽庄严堂皇;菩萨莫不宝冠顶戴,璎珞披身,富贵无比。因此,修学佛法不一定要以穷苦为清高。只要"平直正求",佛教鼓励在家信众可以荣华富贵,可以营生聚财,如《大宝积经》说:"在家菩萨,如法集聚钱财封邑,非不如法。"而且有了财富以后要"给事父母妻子,给施亲友、眷属、知识,然后施法"。意思是说,在家营生,要积聚有道,要合乎八正道的正业与正命,如《杂阿含经》说:"营生之业者,田种行商贾,牧牛羊兴息,邸舍以求利。"只要能将本求利,勤劳赚取,无论是农牧收成,或是经商贸易、企业经营、投资生息所得等,都是佛教所认可的经济营生。

反之,非法所得的财富,例如窃取他物、违法贪污、抵赖债务、吞没寄存、欺罔共财、因便侵占、借势苟得、非法经营、诈骗投机、放高利贷等,则为佛教所不许。

此外,举凡违背国法,譬如贩卖毒品、拐卖人口的罪行,或者违反佛法的不当工作,例如屠宰、酒家、赌场等,都在禁止之列,也就是和佛教不杀生、不偷盗、不邪淫、不妄语、不吸毒等根本大戒触逆的职业，都是佛教所不允许。

在《中阿含经》里也提到取财有六种非道，不可为之，即：（一）种种戏求财物者为非道，如赌博、竞胜、比武等皆是。（二）非时行求财物者为非道，非时行是指昼夜颠倒，不顾家庭眷属，如玩弄娼妓，不务正业，即世间的浪荡子。（三）饮酒放逸求财物者为非道，酒能乱性，饮酒的人必多放逸，不事生产。（四）亲近恶知识求财物者为非道，指亲近恶友不但不能得财，反而有倾家荡产，甚至丧命的灾祸。（五）常喜妓乐求财物者为非道，指性好歌舞娼妓，任意浪费。（六）懒惰求财物者为非道，指性好游荡，不喜作业，凡寒热饥饱都有借口，不肯做事。

以上六种皆是消耗财物不能生产，不但现世劳神伤财，身败名裂，而且来生堕苦趣，失人身，所以说是非道，亦即非人伦善道也。

有了金钱财富，还要懂得怎样处理自己的财富，这才是重要的课题。在《杂阿含经》里面有一首偈语说："一分自食用，二分营生业，余一分藏密，以拟于贫乏。"意思是说：假如你每一个月有10万元的收入，你应该拿出4万元来经营事业；2万元作为家庭生活所需；2万元储蓄以应不时之需；剩余的2万元用以布施，回馈社会，救济贫困之人。

此外，在《大宝积经》中，佛陀以波斯匿王为例，告诉我们财富处理的方法。因为波斯匿王已经不需要为生活而计算，因此他处理的方法是分作三份，一份用来供养宗教，一份用来救济贫穷，一份用来奉献给国家作为资源。

在《般泥洹经》中，对财富的处理方法则说，除了生活所需之外,分为四份,一份供养父母妻子,一份补助仆佣属下,一份施给亲属朋友,一份奉事国家沙门。

说到财富,财富有狭义的财富,有广义的财富;有有形的财富,有无形的财富;有现世的财富,有来世的财富;有个人的财富,有大众的财富;有物质的财富,有精神的财富;有一时的财富,也有永久的财富。

佛教不但重视一时的财富,更重视永久的财富;不但重视现世的财富,更重视来生的财富。佛教不但重视狭义的金钱财富,尤其重视广义之财,例如健康、智慧、人缘、能力、信用、口才、声望、名誉、成就、阅历、人格、道德等。这些无形的财富比其有形的财富更好。佛教不但重视私有的财富,尤重共有的财富,例如道路、公园、河川等公共设施,以及花草树木、日月星辰、天地万物的生态维护等;并且主张以享有代替拥有、以智慧代替金钱、以满足代替贪欲、以思想代替物质,发挥普世的观念,建设共有的胸怀。

也就是说,佛教认为真正的财富,不一定是银行里的存款,也不一定是指土地、房屋、黄金、白银,这些都是五家所共有,个人无法独得;人生唯有佛法、信仰、慈悲、发心、满足、欢喜、惭愧、人缘、平安、健康、智慧等,才是真正的财富。

佛教对于现世的财富,认为要想广聚财富,必须平时养成储蓄的习惯,有了收入,能逐渐累积,犹如蜜蜂勤勉地在花丛中穿梭采集花蜜,点滴储藏,酝酿成蜜而富足。因此,《中阿含经》告诉我们:"积财从小起,如蜂集众花;财宝日滋息,至终无损耗。"

此外,佛教对于财富的看法,首先以"因缘果报"说明财富的获得,应从培福修德、广结善缘而来,并且"要能运用财富,而不为财富所用";尤其本着六和僧团的精神,重视"利和同均",十分合乎现代人共有、共荣、共享的观念。

佛教对钱财的看法是"非善非恶",佛教并不完全否定钱财,黄金是毒蛇,黄金也是弘法修道的资粮。根据经典记载,佛教的信众中不乏大富长者,如须达长者"布施精舍"(《分别功德论》)、毗舍佉"四事供养"(《四分律》)等,都受到佛陀的赞美。因此,佛教不能过分倡导贫苦思想,因为朴素淡泊用来自我要求是道德,用来要求别人则为苛刻。

金钱不但是学道的资粮,也是一切佛化事业的基础。佛学院、禅堂、念佛堂、学校、医院、电台、杂志社等,都需要金钱才能推动。所以,金钱并不完全是毒蛇,佛经所谓"净财"、"善财"、"圣财",只要能善用金钱来弘法利生,其功德比装穷学道更大,更有意义,更有智慧。

因此,学道并不一定要贫穷才是有道心;大乘佛教主张个人可以清茶淡饭,所谓"三衣一钵"、"衣单二斤半"、"头陀十八物",但是寺院团体不能不要财富。自古寺院建筑,朱檐碧瓦,雕梁画栋,富丽庄严;亭台楼阁、廊院相接,重重叠叠,幽远深邃,因此有所谓"佛门净土",佛门其实就是一个清净庄严的世界,一个安乐富有的世界。

是以人间佛教应该重新估定财富的价值,只要是合于正业、正命的净财,应是多多益善;只要能对国家民生、社会大众、经济利益、幸福快乐生活有所增益的事业,诸如农场、工厂、公司、银行等,佛教徒都应该去做。因为有钱并不可耻,贫穷才会招来罪恶。

八、福寿观(拥有之道)

多福多寿是人生在世普遍的希求,如何求得大富大贵、长命百岁,这是世人共同的愿望。但是福寿往往很难兼得,有人富可敌国,却英年早逝,无福享受,有人老耄长寿,却一生穷苦潦倒。欲得福寿绵延,必须福德因缘具足,才能增广福寿,绵延无量。

如何培植福寿的因缘呢?依佛教的看法,福寿不是上天所赐,不是他人给予,而是自己的业力感得,所谓自作自受,自己的净行善业能为自己带来无尽的福寿,自己的劣行恶业也会断绝福寿的因缘,糟蹋自己的幸福。佛教所讲的五戒,不偷盗就能拥有福报,不杀生就能永保长寿,因此遵守佛教的五戒,就能得到福寿。

《八关斋经》也说,受持八关斋戒"福不可称计"。《法句经》则说:"能善行礼节,常敬长老者;四福自然增,色力寿而安。"《法苑珠林》也告诉我们,如果实践七种布施法门,可以获得无量的福寿:(1)设立佛像僧房;(2)种植树木果园;(3)常施医药救病;(4)打造船只渡人;(5)建设桥梁道路;(6)点灯凿井施茶;(7)建造浴厕便民。《大教王经》更说:"欲得福禄,欲得长寿,福庆增盛,果报圆满者,应当作善,莫损僧宝,不灭法宝,不除佛宝。所得王位亦不动摇,所作大臣亦不损坏,所得人身延年益寿。"三宝、父母、师长、弟子、病人、急难、根缺、百苦,都是我们生长福寿的福田。

此外,古德说:

　　心好命又好,富贵直到老;
　　命好心不好,福禄变祸兆。
　　心好命不好,转祸为福报;

心命俱不好,遭殃且贫夭。
心可挽乎命,最好存仁道;
命实造于心,吉凶惟人召。
信命不修心,阴阳恐虚矫;
修心一听命,天地自相保。

一切的福寿果报都离开不心地的修持;心地纯善,平时又能与人结缘,培植福寿的因缘,自然富贵随身,长命百岁。存心险恶,虽然能够左右逢源,享受一时的快乐,但是转瞬间就变成灾难祸殃。譬如抢劫偷窃别人的财富,虽得到短暂的欲乐,但是却埋下日后服刑受苦的恶因,好比以舌头舐食剑上的蜂蜜,虽然尝到甜美的蜂蜜,却把舌头也割伤了。因此虽然眼前因缘不具足,只要宅心仁厚,心存慈悲,有一天灾祸也会转变成幸福。

求福添寿的因果之道固然经中多所明示,然而社会上一般人总认为要长寿多福,应该向神明、菩萨、佛祖祈求,把信仰建立在贪求、餍取的层次上。其实《法句经》说:"祭神以求福,从后观其报;四分未望一,不如礼贤者。"福寿并不是有求必得的,如果自己不去培植福寿的因缘,福寿是不会凭空降下的。所谓"生天自有生天福,未必求仙便成仙",自己不努力去自求多福,而把一切的责任完全推诸神明佛祖的身上,如此不合乎因果道理,正如把一块沉甸甸的石头放在水中,却违反常理地希望石头不要沉入水底;相反的,《龙舒增广净土文》说:"现世多为吉善则增福寿……现世多为罪恶则减福寿。"如果我们所作所为合乎因果法则,应该享有福寿的果报,龙天神明也无法一手遮蔽,抹杀我们所应享有的果报,正如漂浮在水面上的热油,纵然有人祈求说:"油呀!油呀!请你沉下去吧！"油是不会和他相应沉淀水底的。因此福寿的获得，是别人所无法操纵的，即使神明也不能掌握我们的生死祸福，一切都取决于我们自己是否努力去播种福寿的种子。

福寿具足虽是世人普遍的愿望，尤其"五福临门"——福禄寿财喜这五福齐降门庭，更是一般人心目中所企盼的幸福。然而果真拥有这五福，人生就美满无憾了吗？人生的幸福快乐就仅仅止于这五福的获得吗？其实世间一切都是有为法，福寿本身有时也有它们的缺陷，不是无漏究竟的。举例说，一般人常欣羡别人说："你真有福气！"有"福"就会有"气"，福是伴随着气一起而来的。譬如儿女成群，儿女所带来的闲气也不在少数，幼小时担心他身心的成长；长大了忧心他能否成龙成凤；即使成家立业了，还要挂心他家庭是否美满、事业是否顺利？如果遇到不肖子弟，操心的事就更多了！儿女多，福气多；钱财多，福和气也如影随形接踵而至。钱财多，有时固然可以享受声色之娱，但是钱财有时也会带给我们意想不到的烦恼，何况周转不灵时，被银行催讨还贷时那种焦虑的滋味，如同烈火焚身一样难忍。

福和气，如身影一般关系非常密切，寿和老也如孟光之不离梁鸿，无法分开。如平时我们也常听到有人说"祝你长命百岁"，甚至说"愿你活到120岁"。

活到120岁的人瑞也许是人人羡慕的对象，但是一个人如果真的活到120岁，也许他100岁的儿子已经寿终了，80岁的孙子也逝世了，甚至60岁的曾孙也撒手尘寰，一个白发皤然的老人活得这么长久，就为了要为儿孙送葬？这样的120岁，生命的意义究竟在哪里呢？

所以，佛教认为世间上的福寿并不究竟，不是我们所要追寻的目标；不过佛教也并非排斥对福寿的追求。只是佛教主张"求福当求智慧福，增寿当增慈悲寿"。只有福报，没有智慧，就如独轮难行，单翅难飞，必须融合了智慧的福报才能功行圆满，有了智慧，才能把自己的福报回馈给一切众生。同样的，只有长寿而不知行善，这种长寿对众生而言，没有存在的意义。因此我们应该追求的是智慧福、慈悲寿。

说起寿命，人的生命，这一期过了，还有下一期，甚至有无限期的生命；正如花果萎谢了，只要留下种子，就会有第二期的生命、第三期的生命，乃至无量无限期的生命。也就是说，人的躯体是有为法，是有生有灭的；但是生命、心灵是无为法，可以无量寿。所以，求寿当求"无量寿"。

"无量寿"是阿弥陀佛的名号，阿弥陀佛不但"无量寿"，又称"无量光"。无量寿是超越了时间；无量光是超越了空间。如果我们能把自己的精神、智慧、贡献，都流入无限的时空中，我们不就是"无量寿"了吗？因此，人除了珍惜肉体上的寿命之外，更应该留下——

1. 事业的寿命：开创事业，造福邦梓，泽被社会人群，譬如创建公司、工厂，一经营就是几十年，甚至百年老店，不但本身投入毕生的岁月，子子孙孙继承不辍，就是一种事业上的寿命。

2. 文化的寿命：人类生命的可贵，就在于文化的传承，祖先的嘉言懿行、历史的经验轨迹，都是我们文化的宝贵财富，如中国文化史上的文物、典籍，乃至佛教三藏十二部的经典结集，都是后世佛弟子要珍惜的文化寿命。

3. 言教的寿命：古人所谓立德、立功、立言，古今圣贤的珠玑教谕，让后代的人不断地沿用，他们的教言是人类智慧的遗产、文化的宝库。透过古人的著书立说，传之其人，文化得以薪火相传的绵延下去，言教上的寿命是超越时空，是和心灵交会的生命。

4. 信仰的寿命：中国人非常注重传宗接代的观念，事实上，不仅肉体寿命要传递，事业的寿命要继承，信仰的寿命更要代代相传，灯灯相续，世世代代皆为正信的佛弟子，续佛慧命，就是信仰的寿命。

5. 道德的寿命：古人说"典范在宿昔"，中国历代的圣贤舍身成仁、杀身取义，道德的馨香遗留千古，后世缅怀，这就是"立德"的完成。

6. 智慧的寿命：智慧的寿命是解脱的，是清净的，它包含欢喜、无私、慈悲、智慧的无量功德，也是无尽知识的宝藏，是修行人应该努力体证与完成的生命。

7. 功德的寿命：信众在寺院中建殿堂、造宝桥、装佛像、印经书、植草木、供道粮等功德，留下后人缅怀的事迹、子孙引以为傲的福德。僧众遗留在寺院中的功德，是修持道行的潜移默化，除了升华一己的生命，更是长养后学修道者的信念，这种纯粹无所得，又无所不得的功德是永恒的寿命。

8. 共生的寿命：佛教中根深蒂固的惜福、惜缘等观念，用之于今日，就是爱护地球、注重环保、珍惜资源。让共生的环境、因缘能够持续，使互存的时空、条件得以绵延，俾令子孙后代在地球上能获得安乐、幸福、自在的共生寿命。

孔子说："朝闻道，夕死可矣！"生命的意义，不在尸位素餐，而在于明理达道，于世有益。因此《法句经》说："若人寿百岁，不知大道义；不如生一日，学推佛法要。"世间上的寿命纵然如彭祖活到800多岁那样长寿，最后仍然免不了生老病死的现象；世间上的福乐纵然贵如帝王一般稀有，终究归于生灭幻空。因此，我们追求福报要追求生生世世的永久福报，而不要追求一世一时的短暂福报，如《金刚经》所言，一生一世的幸福是有限、有量、有尽、有为、有漏；永久的幸福是无限、无量、无尽、无为、无漏，是盗贼不能偷、水火不能侵，是永恒不缺失的幸福。

有人说"人生七十古来稀"；张群说"人生七十才开始"。人的一生当中，即使你活了120岁，你拥有家财万贯，但你究竟真正"拥有"多少？又"享有"多少呢？在时间上，即使你"拥有"人生百岁，但是你可曾"享有"几时的清闲？在空间上，你"拥有"华屋美厦千万间，但是你可曾"享有"多少个清酣无梦的睡眠吗？在人间里，你"拥有"家人，家人是你的吗？你"拥有"许多事业，那些事业都能靠得住吗？所以，世间上你所"拥有"的，不一定都能为你所"享有"；不是你所"拥有"的，也并不代表你就不能"享有"它！

因此，人的生活，重要的是要过得自在、欢喜。日常生活要有规律秩序，早睡早起，有一定的作息；心情要保持安和愉快，不轻易闹情绪，不随便发脾气；要把自己忙碌起来，忙碌于学习新的知识技能，忙碌于事业的创造，忙碌于服务社会人群，忙碌于自我生命的提升，把自己的生活充实起来，让烦恼没有一丝空隙可乘，如此自可享受放旷逍遥的欢乐人生！

总之，人到世间来，除了要把握时间、争取时间、利用时间多做有益于社会人群的事，以延长时间上的寿命以外，更应该努力创造美好的语言寿命、芬芳的道德寿命、显赫的事业寿命、不朽的文化寿命、坚定的信仰寿命、清净的智慧寿命、恒久的功德寿命、互存的共生寿命，如此才是真正拥有了福德与长寿。

九、保健观（医疗之道）

世间最宝贵的不是金钱、名利，也不是权势、地位，世间最宝贵的是健康；有了健康，才能享受幸福的人生。因此一个人尽管事业有成，家财万贯，仆从成群，大厦千间，如果没有健康的身体，一切都不是我的，所以平时注重身心的保健，这是人生重要的课题。

然而"诸法因缘生，诸法因缘灭"，在缘起缘灭的世间，生老病死是不可避免的现象，尤其人吃五谷杂粮，难免会有生病的时候。《佛医经》中提到，人会生病的原因有：久坐不食、过度疲劳、饮食无节制、忧愁、纵欲、瞋恚、忍大小便、忍呼吸、忍放气等等。

《清净道论》指出引起疾病的原因有八，即：风、痰、饮食不调、业、外伤、非人、鬼、魔所致。

《摩诃止观》提到造成疾病的原因有六种，即：四大不调、饮食不节、坐禅不调、鬼神得便、魔神所扰、恶业所起。前三种因素引起的病，只要改善饮食，不受病菌感染，即可治愈；后三者则与患者自身的业力相关，必须借由拜佛礼忏修福，才能减轻病苦。

总结说来，致病的原因不外乎下列二种：

1. 四大不调：人身是由四大假合而成，《南海寄归内法传》卷三云："凡四大之身有病生者，咸从多食而起，或由劳力而发。"《小止观》说，人身四大各能生一百零一病，合生四百四种，即一切身病的总称。其中，地大病相为身体沉重，坚结疼痛；水大病相为饮食不消,腹痛下痢;火大则会全身发热,大小便不通;风大会引起肺闷,气急呕吐。

2. 贪瞋痴毒:外在的四大不调固然是致病的因素,内在的贪、瞋、痴三毒更是引发各种疾病的主因。《维摩诘经》说:"今我此病,皆从前世妄想颠倒诸烦恼生。"众生因为执着了我相,所以才产生烦恼和疾病。《大智度论》卷十四云:"瞋恚其咎最深,三毒之中,无重此者;九十八使中,此为最坚;诸心病中,第一难治。"

智者大师认为:沉迷色境的人多半会生肝病,贪享声音的人多半会生肾病,贪爱香气的人多半会生肺病,贪图口味的人多半会生心病,眷恋触觉的人多半会生脾病。可见凡事以中道为宜,否则贪图睡眠容易造成昏沉;贪求美味,吃过多的高脂、高糖的食物,容易引起诸多慢性病;缺乏运动、噪音过高等,容易造成现代人的文明病。

现代生理学也认为,愤怒、愉悦、忧愁、恐惧、悲伤、激动等心理反应,会影响体内的生理变化,久而久之,造成不易治愈的疾病,例如消化性溃疡、精神疾病等。医学研究报告中提到:"当一个人不快乐、发怒或紧张受压力时,脑内会分泌'去甲肾上腺素',这是具有毒性的。"

由于众生的病苦,除了来自身体器官的疾病之外,还包括心理的疾病,也就是贪瞋痴等无明。佛陀为了医治众生身心的病痛,以一生的时光演说各部经典,指出一帖帖疗治身心的药方。因此,经典里比喻"佛为医师,法为药方,僧为看护,众生如病人"。

佛陀不仅是善疗众生身体疾病的大医王,更是擅于对治众生各种心理病症的医师。例如佛陀敷设三学、六度、四无量心、五停心观等八万四千法门,无非是为了对治众生贪瞋痴等八万四千种烦恼疾病。佛陀对于贪欲心重的众生,教他用不净观来对治;对于瞋恨心重的人,便教他慈悲观;若愚痴太重,则以因缘观来对治,佛陀是世间第一良医。

在《增一阿含经》中,佛陀除了说明一个好的医生及好的看护应该具备的条件外,尤其指出病人应奉行五法:(1)选择适当饮食;(2)按时饮食;(3)亲近医师;(4)不怀愁忧;(5)当起慈心对待看护。

此外,综合诸经所说,佛教认为正确的保健之道,应该注意如下数点:

1. 正当的饮食:《尼乾子经》说"啖食太过人,身重生懈怠,现世未来世,于身失大利,睡眠自受苦,亦恼于他人,迷闷难觉寤,应时筹量食。"饮食譬如吃药,是吸取其中的养分,以养护身体。所以在饮食上要注意:多菜少肉、多淡少咸、多果少糖、多嚼少食,并且要定时定量,使内脏清爽,这是保健第一诀。

2. 正当的工作:正当的工作,是积极性的,利于社会大众的。很多人觉得工作辛苦,有压力,那是因为把工作当成赚钱途径、沽名之道,自私自利,难免厌倦。《一切智德经》说"惠施仁爱,利人等利,一切救济,合聚庶黎。"如果在工作里蕴含了慈悲喜舍,把工作当成法布施,工作就很快乐,当下的心情就不一样了。

3. 正当的行为:《十诵律》说"饥为第一病,行为第一苦;如是知法宝,涅槃第一乐。"行为端正,心中光明磊落,没有烦恼忧愁,这是养生的正途。

4. 正当的做人:《摩诃僧祇律》说"利衰及毁誉,称讥若苦乐,斯皆非常法,何足致忧喜。"人身,不过是四大所造精血之体,终将坏灭,看得透,看得破,做人便能不贪五欲六尘,不慕虚荣名利,不着五蕴三界;能够建立正当的人生观,自然身心康泰。

身体方面的保健固然要紧,精神方面的保健也不可缺少。佛教对于"精神保健"方面。主张:

1. 心宽自在:如弥勒菩萨大肚能容的气量,凡事不斤斤计较,即能自在无碍。

2. 放下安然:《诸经要集》说"能具舍一切不善之法,譬如负债得脱,重病得差,如饥饿之人得至丰国。"凡事不比较、不计较,提得起、放得下,自然心中舒畅,百病全消。

3. 禅定修行:禅定摄心,精进修行,心清气爽,则事事顺畅,百无牵挂。

4. 行香礼拜:修持不懈,礼拜不断,则罪灭河沙,福增无量。

5. 数息止观:精神集中,意念专注,则身心收摄,开发智慧。

6. 喜悦进取:发心发愿,身体力行,则能法喜充满,身心无恙。

明代憨山德清大师说:"老病死生谁替得,酸甜苦辣自承担,一剂养神平胃散,两重和气泻肝肠。"一般疾病的产生,往往与人的心理、生理、行为,以及周围社会的生活环境有关。尤其在这个新时代,许多人好吃美食,吃出病来;有的人游手好闲,闲出病来;有的人信息太多,烦出病来;有的人工作压力太大,急出病来;有的人心性怯弱,意志消沉,闷出病来;有的人则因为是非太多,气出病来。总之,不外由于心不能静、气不能和、度不能宏、口不能守、瞋不能制、苦不能耐、贫不能安、死不能忘、恨不能释、矜不能持、惊恐不能免、竞争不能遏、辩论不能息、忧思不能解、妄想不能除等,于是造成身心的病患。

世间的医学对于疾病的疗治，大多强调饮食、物理、化学、心理、环境、气候、医药等疗法，在有限的范围内，依病治疗。佛教的医学除了世间的医理，更重视对内心贪瞋痴三毒的根除。所谓"心病还须心药医"，唯有调和生理与心理的健康，例如上述所说，节制饮食、礼佛拜忏、持咒念佛、禅定修行、行香礼拜、数息止观、乐观进取、心宽自在、放下安然等，才能真正迈向健康之道。

十、慈悲观（结缘之道）

"佛教以慈悲为怀"，这是人人耳熟能详的口头禅。然而如果进一步去探讨慈悲的真义为何，则不一定人人都能了解。《法华义疏》说："慈悲即拔苦与乐。"佛教的三藏十二部虽然有无量的法门、教义，但是皆以慈悲为根本；"慈悲"是菩萨"施化之本"（《妙法莲华经文句》），一切佛法如果离开慈悲，则为魔法。《宗镜录》说："以菩提心而为其因，以大慈悲而为根本，方便修习无上菩提。"菩萨因众生而生大悲心，因大悲心而长养菩提，因菩提而成就佛道。如果菩萨看到众生的忧苦，不激发慈悲心，进而上求下化、拔苦与乐，就无法成就菩提大道，因此慈悲心是菩萨成佛的必要条件。

慈悲不是佛教徒的专利，慈悲是一切众生共有的财富，人间因为有了慈悲，生命因此充满了无限的意义；在颠沛的人生岁月里，因为有了慈悲，前途才有无限的憧憬。慈悲之心是万物所以生生不息的泉源，慈悲就是佛性，有了慈悲，众生因此皆得成佛。

慈悲不是打不还手、骂不还口，当公理正义遭受无情地打压排挤，当正人君子受到无端地诽谤抨击时，能够挺身而出，这就是一种勇敢的、积极的慈悲。慈悲要有智慧，慈悲不是一时的恻隐之心,《摩诃止观》说:"慈悲即智慧,智慧即慈悲。无缘无念,普覆一切;任运拔苦,自然与乐。"慈悲是透过公理感动助人的;慈悲不是热闹地随众起舞,而是心存正念地服务济人;慈悲也不是私心的利益亲友,更不是有所求的惠施于人,慈悲的最高境界是怨亲平等、无我无私的利于众生。

慈悲并不是一个定点,而是情感的不断升华,《华严经》的"但愿众生得离苦,不为自己求安乐",这种"以天下之忧为忧,以天下之乐为乐"的胸怀,就是慈悲。慈悲也是做人应该具备的条件,一个人宁可什么都没有,但不能没有慈悲!有人说慈悲就是爱,但是世间上的爱有污染性,处理不当时,反而变成痛苦的渊薮、烦恼的来源。《观音玄义记》说:"慈悲即是誓愿。"慈悲是净化升华的爱,是无私而充满智慧的服务济助,是不求回报的布施奉献,是成就对方的一种愿心,集合了爱心、智慧、愿力、布施,就是慈悲。

慈悲是自己身体力行的道德,不是用来衡量别人的尺度。真正的慈悲也不一定是和颜悦色的赞美鼓励,有的时候用金刚之力来降魔伏恶,更是难行能行的大慈大悲。

一般人都知道慈悲,甚至也在奉行慈悲,但是对于慈悲的意义与层次却不一定能透彻了解。譬如某人做了破坏公益、伤害他人的事,必须接受惩罚时,有些人就会为此人求情说:"慈悲慈悲他嘛!"慈悲成了姑息纵容的意思,是曲解了慈悲的含义。

佛经里曾经引用许多的譬喻来说明慈悲的可贵:

1. 慈悲如良药:身体有病痛了,适当必要的药物能医治沉疴痼疾;心理有伤痛了,慈悲的清凉法水能抚慰受创的心灵。

2. 慈悲如船筏:在茫茫无际的生死大海,有了慈悲的航船,能够冲破惊涛骇浪,到达安乐平稳的目的地,免除在爱河欲流中灭顶的危难。

3. 慈悲如光明:有了慈悲的光明照耀,能够破除黑暗,如实地看清世间的真相。有了慈悲的光明,人间充满着希望,前途有无限的憧憬;颠沛困顿的逆境,有了慈悲的依怙,都能化险为夷、转逆为安。

4. 慈悲如伴侣:朋友随时陪伴在我们的身边,能给我们鼓励劝勉,有了慈悲的善友,必能无事不办,所到亨通。

5. 慈悲如摩尼宝珠:污浊的水中放入了明曜的摩尼宝珠,就可以杂质沉淀,清澈见底;在复杂混乱的人间,有了慈悲的摩尼宝珠,就能照破一切昏暗,化复杂为单纯,转混乱为宁静。慈悲之心是万物所以生生不息的泉源,人间所以使我们恋栈,是因为人间有慈悲。一个家庭如果缺乏慈悲,纵然再豪华舒适也形同冰窖;一个服务机关如果没有慈悲,即使待遇再优厚,也难留住人心。亲人彼此没有慈悲的心,形同陌路,谁也不愿经常往来。

观世音菩萨为什么能走进每一个人的家庭里,让每个人在家庭的正厅供奉着?就是因为观世音菩萨代表大慈大悲,我们供奉菩萨,就是希望把慈悲带入家庭。

慈悲虽然是如此的重要,但是社会上有不少人曲解慈悲的含义,如前面说慈悲变成姑息纵容,导致社会失序;甚至运用不当,致使慈悲沦为罪恶的温床。好比现在滥行放生,反而伤生害命;滥施金钱,反而助长贪婪心态等。因此,慈悲的足如果没有智慧的目来引导,悲智不能双运,有时不应该慈悲却滥行慈悲,有时应该慈悲却不知慈悲。其实有时看起来不是慈悲的行为却是大慈悲,有时候看似慈悲的举止反而不是慈悲。因此只有慈悲,没有智慧,好比飞鸟片翼、车舆单轮,无法飞翔行走,圆满成功。

所谓不应该慈悲而滥行慈悲者,譬如父母给儿女金钱吃喝嫖赌,看似慈悲,其实却害了孩子。孩子做错事,不但不加处罚,反而欣喜鼓励。纵子行凶,也是不当的慈悲。或者不明事理布施他人金钱为非作歹,助纣为虐,都是不应该慈悲而慈悲。

所谓应该慈悲而不慈悲者,譬如看到有人破坏社会的正义公理,不能挺身而出仗义直言,反而临阵退缩不敢去做,这就是应该慈悲而不慈悲。有人热心兴学办教育,培养青年人才,不但不能参与赞助,随喜赞叹,反而加以破坏诽谤,这也是应该慈悲而不慈悲。

有时看似不是慈悲的,而实际上却是大慈悲,譬如杀一个强盗而救了成千上万的百姓,杀生看起来是不慈悲的,可是为了要救更多的人,其实是在行大慈悲。道教的三茅道士中,小师弟为了帮助妇人一家,看起来好像是贪恋繁华,为五欲所动,实际上他是在五欲六尘之中修行。三师弟的做法乍看不是慈悲,其实是充满方便智慧的慈悲之行。印度波斯匿王的王后末利夫人,她以慈悲智慧挽救了御厨的生命,看起来好像破戒、不守法,但是这种不顾己身利益,只为他人安危着想的胸怀,正是看似不是慈悲而实际上是大慈悲的菩萨行。

不是慈悲的,有时候是慈悲;是慈悲的,有时候反而不是慈悲。譬如放生本来是慈悲,但是放生不当反而成为杀生的愚行。甚至放生食人鱼,乍看之下他好像在行慈悲,可是食人鱼放在水中不仅会吃掉小鱼小虾,更可能吃人害生,这能算是慈悲吗?

慈悲不仅是理念上的了解,慈悲更应该是身体上的付诸实践。

有名的沩山灵佑禅师,临终时发愿来世生为水牯牛,替大家服务,为众生代劳。灵佑禅师这种"欲为诸佛龙象,先做众生马牛"的心就是慈悲心。

唐朝的智舜禅师"割耳救雉",为了救护生灵不惜割舍自己的身体,这种"但为众生得离苦,不为自己求安乐"的德行,正是慈悲的具体表现。

佛教里的修行人,为了草木的生长,不忍随便践踏脚下的草木;为了可怜飞蛾的扑火,宁可晚上不点灯火;为了过往的鸟雀,常在庭院留些稻谷;为了雨季中的虫蚁,宁可安居不作远行,这都是慈悲心的流露。

慈悲也有层次上的深浅,一般凡夫的慈悲爱行,以自己的父母、妻子、亲属等彼此具有因缘关系者为对象,施予对方财物关爱。这种慈悲对象不广大,并且含有私情私爱,所以顶多只能做到一时的慈悲、一念的慈悲、有缘的慈悲、有情的慈悲、有求的慈悲、有相的慈悲、热闹的慈悲、直接的慈悲、消极的慈悲。

但是到了二乘菩萨,他们认为一切诸法皆是虚幻,由缘所生,所以能随缘度化众生,给予所需。尤其诸佛如来的慈悲,他们视一切众生与自己平等一如,一切有缘无缘众生都要度化摄受。所以佛菩萨能够做到永恒的慈悲、无限的慈悲、无情的慈悲、无缘的慈悲、无求的慈悲、无相的慈悲、寂寞的慈悲、间接的慈悲、积极的慈悲。这种"无缘大慈,同体大悲"的精神,其实才是真正的慈悲。

慈悲是苦难人生的依止,有了慈悲,人间就有了光明希望。今日的社会充满暴戾、脱序的现象,更需要人人建立自他互易、怨亲平等的观念,也就是凡事换个立场为别人着想,甚至把众生看成和我一体,如此就能兴起慈悲的念头了。

中国有一句话叫"仁者无敌",用佛教的话来说,就是慈悲没有对手,慈悲可以克服一切的磨难。一念的慈悲可以化除贪欲,一念的慈悲可以化除瞋恨,一念的慈悲可以化除骄慢,一念的慈悲可以化除恐惧。在21世纪科技文明发达的现代化时代,现代化的最大成就是发明了比科技文明更为重要的人际沟通。如何才能做到人际之间的完美沟通交流?只有时时以布施、爱语、同事、利行的四摄法来行慈悲、实践慈悲;唯有人人用慈悲的眼睛等视一切众生,用慈悲的语言、慈悲的面容、慈悲的音声、慈悲的心意来跟大众结缘,我们的社会才能更和谐、更美好。

十一、因果观(缘起之道)

"法律之前,人人平等",这是民主国家人民一致的追求。然而事实上法律之前真能人人平等吗?法律不但有漏洞可钻,而且有的人还专门游走于法律边缘,为非作歹,甚至法律有时也会受到人情所左右,因此法律未必真能做到绝对的公平;世间唯有因果才是最公平的仲裁者,在因果之前,人人平等,因果业报如影随形,任谁也不能逃脱于"善有善报,恶有恶报"的定律之外。

因果,最简单的解释就是"种什么因,得什么果",这是宇宙万有生灭变化的普遍法则。《瑜伽师地论》说:"已作不失,未作不得。"揭示了佛教因果论的特点:任何思想行为,必然导致相应的结果,"因"未得"果"之前,不会自行消失;反之,不作一定的业因,也就不会得到相应的结果。

因果,是人间的实相,中国的一部二十五史,不啻是一部最大、最翔实、最深广的因果记录。因果也是很高深的哲学;因缘聚会必有果,它的准确性连计算机都比不上。因果报应不但为人间所不能勉强,苍天所不能更易,即使鬼神也不能违抗,它支配了宇宙人生的一切,也种下了横亘过去、现在、未来的三世因缘。《涅槃经》中就郑重指出:"善恶之报,如影随形,三世因果,循环不失。此生空过,后悔无追。"因此,一个人可以不怕鬼神,不怕生死,但是不能不怕业报,不能不畏因果。

因果由万法因缘所起的"因力"操纵,由诸法摄受所成之"因相"主使,有其超然独立的特性。人可以改变天意,但不能改变天理,也就是不能改变因果;因分果分,是佛陀证悟之性海,为三际诸佛自知之法界,是不可妄加揣测的。

佛教的因果观源自"缘起性空"的道理,旨在阐明宇宙间万事万物都是仗"因"托"缘",才有"果"的生起,而此"果"又成为"因",待"缘"聚集又生他"果",如是辗转相摄,乃成森罗万象。因此,宇宙间从自然界到众生界,从天体到微尘,没有一个现象能脱离得了因果的关系。所谓"法不孤起,仗境方生;道不虚行,遇缘则合",凡事有因有缘才有果,因果离不开缘起之道,这是我们所应有的认知。

因果并不仅囿于佛教的独门妙谛,因果是每一个人衣食住行之中,随手可拈、随处可证的真理。肚子饿了要吃饭,吃饭是"因",饱就是"果";有了空腹进食的"因",才能收肚子饱了的"果"。

天气转凉的时候,我们穿衣保暖,冷是"因",暖是"果",穿衣服也离不开因果。

不但衣食住行有因果,祸福生死也有因果,我们过去培植了多少福德因缘,现在就有多少福报如意。世间没有无因之果,也没有无果之因,既没有异因之果,更不会有异果之因了。因此,因果如何,全在于自己的所作所行。

因果的道理,竖穷三际,横遍十方,不管我们相不相信因果,因果是绝对存在,它像空气一样,充满整个宇宙,无时无处不在公平地执行着善恶赏罚,或无情器世间的成坏。例如有的人生来就住在花园洋房、高楼大厦,不受严寒酷暑的侵袭,有的人却穷居陋巷和违章建筑,受着凄风苦雨的吹打,这不是世事不公平,是因缘果报差异。同样生而为人,为什么有的人富贵,有的人贫苦?为什么有人锦衣玉食似王侯,有的人三餐不继如饥孚?这都是因为他们自作自受的因果关系不同,并不是命运和世事对他们不公平。造什么业障,受什么果报,这是分毫不变的。

"因缘果报"具体说来应该是因是主因,缘是助缘,由因缘和合所产生的事物称果。宇宙中,大至一个世界,小如一个微尘,都没有实存的自性可言,而是随着因缘不同,果报就会有所差异。在佛教诸多教理中,"因果观"与人生的关系最为密切。佛教所说的因果,是宇宙人生的实相,不仅仅是劝人行善的说辞。然而一般人往往以世俗的观点来解释因果,使一些不解佛法的人,一听到因果,便斥之为迷信,殊为遗憾!对于因果我们应有如下的正确认识:

1. 因果通于三世:《宗镜录》说"经偈云:'假使百千劫,所作业不亡,因缘会遇时,果报还自受。'"因果业报的关系虽然极其复杂,却是有条不紊,毫厘不差的。但是,有的人不明白因果业报的道理,只见到世上有"行善的好人,不得好死,或是受苦报;作恶的坏人,却过着富裕逍遥的生活",因此便认为没有因果的存在。其实,因果是通于三世的,不能只看一时。道理很简单,假如一个人过去在银行里储蓄了很多存款,现在虽然作奸犯科,你能不准他提用存款吗?如果有人往昔负债过多,现在虽然做人善良,然而欠债还钱是必然的道理,你能因为他现在很有道德修养,就不用还钱了吗?

因此,好人今生所以受苦报,是因为过去所种的恶因今已缘熟,须先受苦报;而今生虽然行善做好事,但是因为善因薄弱,善缘未熟,所以须等待来生后世再受善报。恶人作恶,反得好报的道理亦然。

再者,因果报应在时间上有现报、生报、后报等"三时报"之分的原理,譬若植物有一年生、有二年生、也有多年生。有的春天播种,秋天收成;有的今年播种,明年收成;有的今年播种,需待三五年后方能收成。然而因果业报,如影随形,造了善恶业因,不管时间久暂,只要因缘成熟,必定要受果报,这是毋庸置疑的。

2. 因果并非是宿命论:因果观并不是宿命论,宿命论认为一切得失成败,由命运之神掌握,努力是没有用的。而佛教的因果观念则认为所有的果报,不管善恶,都是自己造作出来的。偈云:"有衣有食为何因?前世茶饭施贫人;无食无衣为何因?前世未施半分文。穿绸穿缎为何因?前世施衣济僧人;相貌端严为何因?前世采花供佛前。"《因果十来偈》则说:"端正者忍辱中来,贫穷者悭贪中来,高位者礼拜中来,下贱者憍慢中来,瘖哑者诽谤中来,盲聋者不信中来,长寿者慈悲中来,短命者杀生中来。"这二首偈语都是说明:人间的贫富贵贱,生命的长寿夭亡,容貌的端正丑陋,都是受过去生所造善恶业影响的结果,并非由他人所操纵,更不是命中注定。因此,因果观是肯定努力、上进,是乐观进取的道理。

3. 凡事各有因果：世间诸法的形成，"因"是能生，"果"为所生，"种什么因，得什么果"，将这种因果关系表现得最为浅显易懂的，莫如"种瓜得瓜，种豆得豆"的法则。植物如此，非植物的任何现象莫不如此，所谓"善有善报，恶有恶报，不是不报，时辰未到"，如是因感如是果，因果不爽的业报思想对社会人心的规范，远远超越法律条文有形的束缚，因此孙中山先生曾说："佛教乃救世之仁，佛法可以补法律之不足。"

因果不仅仅是一门理论学问，日常生活中的衣食住行，乃至人我相处、信仰、道德、健康、经济等，都各有其因果关系。然而，有人对因果的认识错误，因此对信仰有很多不正当的要求，比如吃素为求身体健康，拜佛为求佛祖保佑升官发财，这都是错乱因果的谬见。其实，信仰有信仰的因果，道德有道德的因果，健康有健康的因果，财富有财富的因果。因此，若要身体健康，就必须调心行善，多作运动，注意保健，心安自然体泰；若要财源广进，就必须多结善缘，勤苦耐劳，信守承诺，有智慧能力，自助而后天助。

吃素、拜佛，是信仰、道德上的因果，如果以信仰的因，妄求健康、财富上的果，如此错乱因果，自然无法所求如愿，这也是必然的因果。

4. 果报自作自受：《地藏经》说"莫轻小恶，以为无罪，死后有报，纤毫受之。父子至亲，歧路各别，纵然相逢，无肯代受。"一语道尽"善恶因果，决定有报"、"因果业报，自作自受"的至理。

因果报应不是权势所能左右，鬼神也无法操纵，上天更无法控制，它支配了宇宙人生的一切，是我们善恶行为的测试依据。因果不是宗教教化的戒条，是人人心中的一把万能尺，度量着自己一生的命运，也刻画着人世间善恶的长短，更为自己量身打造一个未来的我。因此我们应该正视因果法则，广植善因，必能为此生、来世带来福慧圆满的生活。

一般说来，维系社会秩序的基本条件有礼俗、道德、法律，但是最大的力量还是"因果"；法律的约束是有形的，道德礼俗的制裁是有限的，都不如"因果"的观念深深藏在每一个人的心里，做严厉、正直的审判。

因果，不仅是观念上的通透，更要靠行为的印证。现代的台湾社会，常被有道之士批评为"人心不古，世风日下"。为什么会人心不古，世风日下呢？主要的原因是今日社会大众，普遍缺少因果观念！因为不明白因果，不怕因果，因此到处是能骗则骗，能贪则贪，能抢则抢，能占则占，横竖法律不是万能宝典，违法也不一定有人知道，即使有人知道，法律也不一定能制裁，殊不知道法律或许不会制裁，但因果是绝对丝毫不爽的！

一个人如果做了违背道德的事，逃得了法律的审判，但逃不了良心的审判，逃不了因果的审判。日本楠正成死后，在衣服里留了五个字"非、理、法、权、天"，此五字的意思就是"非"不能胜"理"、"理"不能胜"法"、"法"不能胜"权"、"权"不能胜"天"；"天"就是因果，因果是最后的胜利者。

即使佛陀住世的时候，也和我们常人一样，有老病死生的现象，在因缘里面，都不出因果的范围，这是很伟大的思想，因为在因果之前人人平等，谁也逃不了因果业报。

我们的生命，推之往昔，可谓"无始"而来；望之未来，可说无穷无尽，在此"过去、现在、未来"三世之中，生生不已，业报历然。我们现在的穷通得失,睽之三世,因果真乃丝毫不爽。人的一生,一时种下的因,其产生的结果可能影响及于一世,甚至牵动生生世世的祸福安危,因此我们岂能不慎于一时的言行举止呢!为了我们的一世,甚至生生世世,切要注意"一时"的因果!

佛经云:"菩萨畏因,众生畏果。"因果就是自己的警察、导师,因果就是自己的法律准则。所谓"人善人欺天不欺,人恶人怕天不怕",天就是因果,因果是非常公道的。我们提倡人间佛教,应该大力建设因果的观念,有了三世因果观,可以让我们舍恶行善,趋乐避苦,乃至今生受到苦果,也不致怨天尤人,而能心存还债观念,甘心受苦,进而扭转恶缘为善缘。

尤其,从三世因果观中,知道众生,生生世世轮回,互为眷属。有了这层体认,必能激发"无缘大慈,同体大悲"的慈悲心。如此,不但今生能得圆满自在的人生,来世更能感生善趣。因此,能够清楚地认识因果业报,必能把握业力而谋求自己的幸福。

十二、宗教观(信仰之道)

人是宗教的动物,宗教如光明,人不能缺少光明;宗教如活水,人不能离开活水而生活。人类从上古时代民智未开,就对大自然产生信仰,接着从信仰神权、君权,到现在的民权、人权,甚至即将到来的生权等,可以说,人类自有文明开始,除了追求物质生活的满足以外,精神生活的提升、信仰生活的追求,更是无日或缺。

信仰是发乎自然,出乎本性的精神力;信仰也不一定是信仰宗教。例如有的人信仰某一种思想或某一种学说;有的人信仰某一种主义;甚至因为崇拜某一个人,也可以成为信仰的对象。话虽如此,然而只要人有生死问题,就一定要信仰宗教。信仰宗教必须慎重选择,否则一旦信错了邪教歪道,正如一个人错喝了毒药,等到药效发作,则生命危矣!所以"邪信"不如"不信"。"不信"则不如"迷信",因为迷信只是因为不了解,但是至少他有善恶因果观念,懂得去恶向善;不信的人,则如一个人不用大脑思考,不肯张开眼睛看世界,那么永远也没有机会认识这个世界。当然,信仰最终是以"正信"最好!

所谓正信的宗教,必须:

1. 信仰具有历史考据的,例如佛教教主释迦牟尼佛,历史上明确记载着他的父母、家族、出生地、诞生的日期,乃至他出家、修行、成道的过程。

2. 信仰世界公众承认的,例如佛教是举世公认的四大宗教之一。

3. 信仰人格道德完美的,例如佛陀具足智德、断德、恩德,是功行圆满的觉者。

4. 信仰能力威势具备的,例如佛教的三法印、四圣谛、八正道等教义,及因果、业力、缘起等,都是颠扑不破的真理,可以引导我们转迷成悟,离苦得乐。

信仰能使生命找到依靠,是人生终极的追求。一个人不论信仰什么宗教,都需要透过理智的抉择,确认自己所信仰的教义是符合"真理"的条件,也就是必须具有普遍性、平等性、必然性、永恒性。例如佛经讲人生有"四不可得":常少不可得、无病不可得、长寿不可得、不死不可得(《佛说四不可得经》)。这是放诸四海而皆准的道理,不但中国人如此、外国人也是如此;男人这样、女人也一样;古时候的人难免,现在、未来的人也莫不如是。所以这是普遍如此、必然如此、本来如此、永恒如此的真理。

佛教是合乎真理的宗教,因此翻阅古今历史,如梁武帝弃道向佛,阿育王奉佛教为国教,宋朝名相吕蒙正说:"不信三宝者,愿不生我家。愿子孙世世食禄于朝,外护佛法。"甚至哲学家尼采虽为牧师之子,却赞扬佛教比基督教崇高、真实;叔本华以佛教徒自命,肯定佛教是世界上最尊贵的宗教;韩愈从谏迎佛骨到皈命佛教;欧阳修从毁谤佛法到行佛劝善;乃至佛教五大论师:马鸣、龙树、提婆、无着、世亲等,无一不是从外道而改宗佛教。

信仰佛教,也有层次上的不同,例如有人"信人不信法";有人"信寺不信教"、有人"信情不信道"、有人"信神不信佛"等。

甚至即以信仰佛教的教义而言,本身也有层次的不同,例如凡夫的般若是正见、二乘人的般若是缘起、菩萨的般若是空;唯有佛,才能真正证悟般若,所以般若是佛的境界,是最上乘的一真法界。

佛教依众生根基之不同,将佛法分为五种法门,称为"五乘佛法"。其中人、天乘的佛教,重于积集世间福行的增上心,以现世乐、后世亦乐为满足,是佛教的共世间法,如儒家近于人乘,基督教、伊斯兰教类于天乘;声闻、缘觉乘的佛教,重于出世解脱的出离心,以涅槃解脱乐为最终的目的,如道教的出世无为、清净解脱;菩萨乘的佛教,重于利他济世的菩提心,以悲智究竟乐为修行的极致,而六度万行乃为利他济世的具体实践。

佛教的教义深奥而且具有包容性,佛教主张皈依三宝的佛教徒仍然可以敬神、祭祖。因为皈依与祭拜不同,皈依是一生的,是一种信仰;祭拜是一时的,是一种尊敬,已皈依三宝的佛弟子一样可以礼拜神明。不过,信仰重在专一,信仰重在一心,如《普门品》中的"一心称名"、"一心供养",《阿弥陀经》中的"一心不乱"、"一念往生",都是证明一心一意、心诚则灵。因此,宗教徒对于自己所选择的宗教信仰要忠贞、要专一,当信仰与感情、金钱、事业、前途的选择冲突时,就是对信仰专一程度的考验。

其实,不管信仰任何宗教,最重要的是要开发自性,所谓"自依止,法依止,不余依止。"(《大智度论》)能够拥有正见信仰的人,不仅在心灵上有所归依,精神上有所寄托,同时还能广结善缘,结识许多同道好友。尤其南传的藏经说:"有信仰的家庭,生活就有诚实,就有真理,就能坚固,就能有布施的四种道德。"有了这四种道德,则可"现在与未来,无忧无怖"。一个人如果能对生死无有忧怖,就是对佛法已有正信,如《金刚经》说:"若人能一念生净信者,是人即得阿耨多罗三藐三菩提。"

总之,宗教信仰可以激发勇气与力量去面对未来,可以使我们有宽宏的心量去包容人间的不平,进而拓展出截然不同的命运。尤其佛教的中道缘起、因果业报、生死涅槃等教义,可以帮助我们解答人生的迷惑,开发人人本具的真如佛性。所以,信仰佛教,要从求佛、信佛、拜佛,进而学佛、行佛、做佛;唯有自己做佛,才是信仰的最高层次。

十三、生命观(生死之道)

人生在世,一期的生命只有短短数十寒暑,有生必然就会有死;生死,这是人人都免不了的问题。

生和死如影随形,生了要死,死了再生;生生死死,死死生生,生死不已。到底"生从何处来,死归何处去?"对于这个问题,一般人并不了解。

根据佛教的"十二因缘"说:有情众生由于累劫的"无明"烦恼,造作各种"行"为,因此产生业"识"。随着阿赖耶识在母体子宫里渐渐孕育成生命体,是为"名色";名是生命体的精神部分,色则指物质部分。数月之后,生命体的眼、耳、鼻、舌、身、意六根成熟,称为"六入";胎儿脱离母体后渐渐开始接"触"外境,并对外界的苦乐感"受"产生"爱"与不爱,进而有了执"取"所爱的行动,结果由于身、口、意行为的造作,又种下了后"有"的生命体,有了"生"终将难免"老死","死"又是另一期生命的开始。所以佛教说:生命的流转,是无始无终的"生死轮回"。

信仰佛教,并非就没有了生死问题,只是要人看破生死!生死是再自然不过的事,即使是佛陀,也要"有缘佛出世,无缘佛入灭;来为众生来,去为众生去!"

经典上将死亡分成四大种类:寿尽而死、福尽而死、意外而死、自如而死。死亡不是消灭,也不是长眠,更不是灰飞烟灭,无知无觉,而是走出这扇门进入另一扇门,从这个环境转换到另一个环境。经由死亡的通道,人可以提升到更光明的精神世界里去,因此佛经里对于死亡的观念,有很多积极性的譬喻,例如:

1. 死如出狱:《大智度论》说:"苦厄犹如地狱。"众苦聚集的身体如同牢狱,死亡好像从牢狱中释放出来,不再受种种束缚,得到了自由一样。

2. 死如再生:死亡是另一种开始,不是结束,如《思益梵天所问经》说:"譬如从麻出油,从酪出酥。"

3. 死如毕业：《般泥洹经》说："展转相教，解诸童蒙，使学成就。"生的时候如同在学校念书，死时就是毕业了，要按照生前的业识成绩和表现，领取自己的毕业证书和成绩单去受生转世，面对另一个天地。

4. 死如搬家：有生无不死，死亡只不过是从身体这个破旧腐朽的屋子搬出来，回到心灵高深广远的家。如同《出曜经》说的"鹿归于野，鸟归虚空，义归分别，真人归灭"。

5. 死如换衣：死亡就像脱掉穿旧穿破了的衣服，再换上另外一件新衣裳一样。《楞严经》云："虚空生汝心内，犹如片云点太清。"一世红尘，种种阅历，都是浮云过眼，说来也只不过一件衣服而已。

6. 死如新陈代谢：我们人身体上的组织，每天都需要新陈代谢，旧的细胞死去，新的细胞才能长出来。如《增一阿含经》说："代谢变易，不停不解。"生死也像细胞的新陈代谢一样，旧去新来，使生命更加珍贵。

此外，佛教称死亡为"往生"，既是往生，就如同出外旅游，或是搬家乔迁，如此死亡不也是可喜的事吗？所以，死亡只是一个阶段的转换，是一个生命托附另一个身体的开始。因此，死亡不足惧，面对死亡，要顺其自然，要处之泰然！

然而人之所以惧死，是认为生可见，死是灭，所以灭之可悲也！其实，人之生命如杯水，茶杯打破了不可复原，水流到桌上、地下，可以用抹布擦拭，重新装回茶杯里；茶杯虽然不能复原，但生命之水却一滴也不会少。

佛教的"涅槃寂静"形容得好：不生不死，不生不灭；真正的生命是超越无常，超越无我的。例如海水波涛汹涌，海面上的泡沫究竟是海水,还是波浪?从觉悟的观点来看,有风起浪,无风平静,动乱最终还是归于寂静。正如前述,一杯水,茶杯打坏了不能恢复,但是水依然存在;又好比燃烧的木材,薪薪相传,流转不息,所以生命本身不会死。

"生命不死",就是因为有"业"的关系。业,是身口意的行为,有善业、恶业、无记业。"假使百千劫,所作业不亡",只要是身口意所造作的善恶业等,都会像电脑一样,在业的仓库里储存起来;"因缘会遇时,果报还自受"(《宗镜录》),等到善恶业的因缘成熟了,一切还得自作自受,这是因果业报不变的定律。

现在的科学家说生命的密码就是"基因"!其实,生命的密码的另一个名词——业力,早在2500年前,佛陀已经昭示世人了。"业力",实在是佛陀的一个伟大发现。人,从过去的生命延续到今生,从今生的生命可以延续到来世,主要就是"业力"像一条绳索,它把生生世世的"分段生死"都联系在一起,既不会散失,也不会缺少一点点。业力决定人生的去处,所谓:"欲知前世因,今生受者是;欲知来世果,今生作者是。"所以,"行善不造恶"就好比是基因改造。

众生的生死决定于业力,解脱的圣者则依愿力成就生命。生死循环,本来就是自然的道理,如宗泐禅师说:"人之生灭,如海一沤,沤生沤灭,复归于水。"道楷禅师示寂时更说得好:"吾年七十六,世缘今已足,生不爱天堂,死不怕地狱,撒手横身三界外,腾腾任运何拘束?"禅者生死,有先祭而灭,有坐立而亡,有入水唱歌而去,有上山掘地自埋等,无比洒脱。佛门里有许多临命终时自知时至,身无病苦的真人实事,说明掌握生死,不足为奇;然而我们真正要超越的,是念头的生死。禅宗说:"打得念头死,许汝法身活。"我们的意识刹那生灭变化,如《大乘流转诸有经》说:"前识灭时名之为死,后识支起号之为生。"我们每一时刻其实都在面对生死。意识的生死,念念生灭,如同瀑流,唯有"无念",才能截断生死洪流;若能体证缘起性空,则能"犹如木人看花鸟,何妨万物假围绕",达到生死一如,不生不死的境地。故而经典又云:"前识灭时无有去处,后识支起无所从来。"

生命不是出生以后才有,也不是死了就算结束。如果人的生命这么简单,生死就不值得畏惧了。道元禅师说:"断念生死者,佛家一大事之因缘也!"他又说:"若生死中有佛,便能无生死。若知生死即涅槃之理,便能无可厌生死,亦能无可愿涅槃,自是超脱生死。故唯探究一大事之因缘也。"如果我们能够认清这个道理,断惑证真,觉悟生死同于涅槃的道理,就不会让生死迷惑我们,而能安住于超越生死的藩篱,如此,纵死又有何惧呢?

死亡不足畏惧,死亡以后就像移民一样,你到了另外的国家,只要你有生存的资本,只要你有功德法财,你换一个国土,又何必害怕不能生活呢?所以死亡并不可怕,死亡之后到哪里去才是最要紧的。

佛教非常正视生死问题,佛教其实就是一门生死学,例如观世音菩萨"救苦救难",就是解决生的问题;阿弥陀佛"接引往生",就是解决死的问题。学佛的最终目的就是要了生脱死,如何把握今生,不再受生死轮回,向来是佛门修行的课题。

一般人活着的时候,只知道吃喝玩乐,只知道争名逐利,像行尸走肉般了无意义,不知道为自己的生命寻求方向,安排归宿,只知昏昏庸庸地得过且过,一旦大限来到,什么都是一场空了。所以,要先懂得如何生,才能懂得如何死。佛法教我们要认识生死,就是要我们改变过去因忌讳生死而避开不谈的消极心理,进而透过佛法的修持,以正确的态度面对生死、处理生死,乃至解脱生死,如此才能真正拥有幸福的人生。

十四、知识观(进修之道)

读书,能增加知识;读书,能开启智慧。读书,尤其能提升心性、健全人格、改变气质,所谓"腹有诗书气自华";不读书的人,言语乏味,俗不可耐。一个没有读书的人,跟一个饱读诗书的人在一起,同样有父母,同样穿衣吃饭,可是他们的品德、气质就是不一样,所以自古圣贤都是鼓励每一个人要多读书。

佛教是个智信的宗教,旨在开启众生的智慧,以解决众生的烦恼、痛苦。所以佛教尤其提倡"书香生活",鼓励佛弟子要阅藏读经、听经闻法,如《父子合集经》说:"众会若闻佛所说,心生净信决定解;勤修妙行趣菩提,超出轮回生死海。"《楞严经》也说:"从闻思修,入三摩地。"所以佛教每一部经典莫不以"如是我闻"开头;甚至开经偈更说:"无上甚深微妙法,百千万劫难遭遇;我今见闻得受持,愿解如来真实义。"乃至《金刚经》的"受持四句偈的功德,胜过三千大千世界的财物布施",以及《华严经》的"诸供养中,法供养最",都是提倡书香生活。

佛教重视般若慧解,中国古代的丛林寺院,就是供给十方衲子参访修道的学校,所谓"饱参诸方丛林客,不知此中有悟无?"即使到了近代,清末民初诸老,创设僧伽学校、师范学堂,太虚大师更设立了许多佛学院,尤以今日台湾,儿童有星期学校、儿童夏令营;青年有青年会、大专社团;信徒有信徒共修会、信徒讲习会;专业的有各级佛学院、佛学研究所。乃至佛光山对一般社会教育,从幼儿园、小学、初高中到大学所办的学校,都受到百万信众的护持,这一切都说明今日佛教徒已经觉醒到教育与知识的重要。

其实,佛教本来就是佛陀的教育,佛教的寺院就是修学办道的修练所,因此古时有"选佛场"之称。寺院也等于是学校,佛教重视文字般若的传播,《法华经》的"十法行",提倡书写、演说、披读、印经的利益。佛教的《阿弥陀经》说,极乐世界的众生,每天二六时中莫不念佛、念法、念僧;时时刻刻、心心念念都在佛法、道念、利众上;佛教的《华严经·入法界品》中,叙述善财童子一心勤求佛法,遍访53位善知识的艰辛过程,此与今日的游学参访如出一辙,实为今日青年树立了读书求学的典范。

明朝的袁了凡说:"一时劝人以口,百世劝人以书,功德悉皆无量,为善最乐。五戒可保人身,十善可升天界,因果决定不昧,读书有益。"佛教自古即重视文字般若,几乎每间寺院都有藏经楼,古德不但日诵万言、手书贝叶经,甚至手刻石经,元代的法珍比丘尼更是断臂印经等。乃至玄奘大师西天取经、昙无竭东土弘法,他们求法弘法,他们为法忘躯,若无读书精神,何能如此? 若无书香生活,如何留下三藏十二部经?

此外,唐朝沩山灵佑禅师说:"出言须涉于典章,谈说乃傍于稽古,形仪挺特,意气高闲远。"蕅益大师说:"不调饮食,则病患必生;不阅三藏,则智眼必昧。"明朝袾宏大师主张:"人处世各有所好,亦各随所好以度日而终老,但清浊不同耳。至浊者好财,其次好色,其次好饮。稍清,则或好古玩,或好琴棋,或好山水,或好吟咏。又进之,则好读书。开卷有益,诸好之中,读书为胜矣!然此犹世间法。又进之,则好读内典。又进之,则好净其心。好至于净其心,而世出世间之好最胜矣!渐入佳境,如食蔗喻。"此中都可看出古德勤奋好学、埋首藏经的精神。

由于自古以来,出家人莫不博览经籍,因此大都为知识分子,故与士大夫交游频密。例如苏东坡与佛印禅师、白居易与鸟窠禅师、欧阳修与明教禅师、袁了凡与云谷会禅师等;即连反佛的韩愈都与大颠禅师亲近、问道。甚至过去中国的村夫村妇,虽不会背四书五经,却能背诵《大悲咒》《金刚经》《阿弥陀经》等,可见佛教提倡读书,深入人心。

《心地观经》说:"亲近善友为第一,听闻正法为第二;如理思量为第三,如法修行为第四。"《缁门警训》更说:"不修学无以成,不折我无以学,不择师无以法,不习诵无以记。"佛教重视知识的传授、智慧的开发,但是佛教教育跟一般社会教育不同,在社会接受教育是为了一技之长,以便将来谋生之用;或者是为了取得一张文凭,找一份好工作。而佛教的教育却包含了慈心悲愿,为了自利利他而肩负重责大任。

佛教教育大致上分寺务行政和义理研究两种,尤其重视生活教育与思想教育。所谓生活教育,就是行住坐卧、待人处事、威仪等各方面的训练。所谓思想教育,则先要具备四不坏信:(1)对三宝要有信心;(2)对常住要有忠心;(3)对众生要有慈心;(4)对持戒要有肯定。

此外,在学习的过程中,要自动自发,自我学习。尤其佛教与一般哲学不同,佛教不只讲知识、讲理论、讲道德,更重视实践,重视修行。所谓"解行并重",也就是不仅对佛法的知识义理要深思理解,尤其要将佛法运用到生活中,因此修行非口号、形式,而是修行在生活中,例如用慈悲的语言应人,用慈悲的眼光待人,用慈悲的面孔对人,用慈悲的手助人,用慈悲的心祝福人等,生活中有佛法才叫有修行。

《楞严经》说:"虽有多闻,若不修行,与不闻等;如人说食,终不能饱。"学佛修行,不一定只有局限在寺院里,佛教尤其重视生活中的修行,能够在日常生活里实践佛法,就是修行。因此,佛教徒的一日行,从早晨起床到夜晚养息,乃至日常的待人接物,语默动止,都要效法佛菩萨,以慈悲为本,方便为门,如理生活,如法做人处事。

此外,可依个人的时间安排定课,持之以恒。如果家中环境许可,可设一佛堂,每日晨起,于佛菩萨圣像前献花供水、上香礼拜,或诵经一卷,或静坐5分钟;夜晚临睡前,可于佛前礼佛静心,或读诵《佛光祈愿文》,反省自己的功过。每周可参加一次或两次的道场共修,借由宗教的禅悦法喜,洗涤自己的贪瞋烦恼,开发内心的圣财。每日三餐进食前,合掌称念四供养、佛光四句偈或五观想,亦可培养感恩与慈悲的宗教情操。

总之,修行并非闭门自修,只求自了;修行应该亲近寺院道场,参访善知识,以求法要,同时还要发心护法,并且弘法,这才是人间佛教的知识观所主张的进修之道。

十五、育乐观(正命之道)

人的生活,不光只是工作,也不能光是修行;生活正如植物的生长,需要空气、水分、温度等因缘的调节。因此,一个人每天的生活作息,不能只是硬邦邦地行住坐卧、衣食住行;三餐温饱之外,在精神生活方面还须要有娱乐活动来调节。就如一个修行的人,需要对自我有教育性的娱乐。

例如,参禅的人,在坐禅之后也要利用跑香、经行来调节身心;念佛的人,念佛之外,也要绕佛、拜愿,这都是身心的娱乐。佛门每周有一天放香的时间,甚至每日三餐,晚餐时间不必像早餐、午餐一样的披搭袈裟,高唱供养咒,这一餐称为"放参"。

平时一些修行者,有的人喜欢到处行脚云游、旅行参访、朝山览胜;有的人向往大自然,独居冥思、静坐观想。甚至《观无量寿经》的十六观,观日出日落、观山观水、观树观景、观佛观光明等,也都是寓修行于娱乐之中。

乃至极乐净土,不管是一早的"各以衣祴,盛众妙华,供养他方十万亿佛";或是平时徜徉在七重行树、七重栏楯、八功德水之中,随着鸟声念佛、念法、念僧等,都是舒畅身心的乐事。

过去丛林里不但准许僧人下围棋,甚至还设计"成佛图"的游戏,透过"南无阿弥陀佛"六个字各自所代表的是进是退,而来去行走于十法界之中。借着游戏不但增进佛学常识,寓教于乐,同时也可以增进道友之间的情谊。

除了棋道之外,丛林里还时兴茶道、书道,甚至藏传佛教的辩经,以及一般的抄经、雕塑、绘画、佛舞、梵呗等艺术,也都是深具教育意义的生活调适。

人的一天有24小时,除了吃饭、睡觉、工作之外,借由正当的娱乐来调剂生活,是极其重要的一环。一般社会之娱,重在声色犬马、动态;佛教重视自然界,如鸟窠禅师巢居树上、圆通纳禅师穴居岩洞、大梅禅师荷衣松食,他们任性逍遥,何等自在。甚至禅师们教人栽松、除草、耕耘、种植,让身心与田园自然融合,让眼耳鼻舌悠游于心海,享受宁静的禅悦法喜。此外,佛教到了中国,对于朝山礼圣、寺院参访、座谈联谊等活动也都十分重视,因为借此可以广结善缘、增广见闻。这也是佛教的娱乐生活。

现代的学校教育主张"德智体群娱乐"并重。其实,佛教自古以来即是个"五育并重"的宗教:佛殿共修,重在德育;讲堂听经,重在智育;出坡劳作,重在体育;僧团是六和合僧,重在群育;雕刻、绘画、梵呗唱诵,重在美育。

此外,佛教在娱乐方面也有很多如上所述的"寓教于乐"之修行法门,大致可分成六类:

1. 体育活动:跑香、朝山、云游、佛教舞蹈、拳术。
2. 音乐:梵呗、佛歌、合唱、法器、国乐、俗讲。
3. 书艺:书法、抄经、绘画、雕刻、塑像、围棋。
4. 花和茶:插花、茶道。
5. 劳动:出坡、农耕、工禅、菜圃、苦行、烹饪。
6. 修持:寻师、论道、念佛、禅悦、法喜、止观。

人的生活,物质上的衣食温饱之外,应该要有艺术生活的品位,要有服务人群的品位,也要有休闲娱乐的生活品位。今后在家信众如何规划自己的娱乐生活?只要不是纵欲,不是沉溺于伤神妄念的酒色财气之中,只要是正当的娱乐,都是可以追求的。例如晨起的运动、晚睡前的音乐欣赏、白天定时的经行、散步,或是闲暇时,三两好友相约旅游、座谈、喝茶、谈道,乃至抄经、烹饪、琴艺等,

即使是参加朋友之间的舞会、聚餐等,也无不可。不过,娱乐生活也应有其条件与应注意事项,例如:

1. 参与的分子,必须是"诸上善人"聚会一处。

2. 参与时间不可超过比例,例如一天 24 小时当中,工作 8 小时、睡眠 8 小时,另外的 8 小时吃饭、盥洗、娱乐,要平均分配。

3. 活动的地点要注意安全。社会上常有坠崖、溺水等意外频传,故外出应注意安全;甚至玩火、赌博、醉酒等,这些都不是正当的娱乐生活,应该避免涉足。

4. 参加活动时,最好夫妻一起出席,不但彼此可以认识共同的朋友,培养共同的话题,同时也能避免感情出轨的机会。

佛教自明清以来,大都以寺院山林的静修为主,因此常给人沉寂冷漠,不食人间烟火之感。甚至一般人都以为佛教讲四大皆空,讲苦空无常,因此学佛以后一定要吃苦,甚至要远离人群,这才是真正的学佛。实际上,佛教是很生活化、很生动活泼,是充满了蓬勃朝气的宗教,佛教很重视日常生活,举凡行住坐卧、穿衣吃饭、搬柴运水,无一不是佛法。因此,人间佛教的娱乐观主张,修学佛法,固然要向经藏去探寻,向善知识去参访,但也不能忘了在日常生活中、吃饭、穿衣、睡觉,处处都有佛法,只要能在生活中多用一点心去体会、去实践,必能享有"吾有法乐,不乐世俗之乐"的幸福人生。

十六、丧庆观(正见之道)

人的生活,不是喜就是悲。例如在古老的观念里,生之可喜,死则可悲。当人之生也,弄璋弄瓦,皆在庆贺之内;一旦撒手人寰,即呼天抢地,万分地感伤悲泣。其实,当人出生之时,就已注定了死是必然的结果,所以人之生也,都要死亡,又有何可喜呢?当人之死也,如冬天去了,春天还会再来,死又有何可悲呢?生死是一体的,不是两个,生了要死,死了还会再生,所谓生生死死,死死生生,循环不已,生也不足为喜,死也不足为悲啊!

但是,生死既是每个人必经的过程,丧庆礼仪便和我们的生活息息相关。尤其中国人自古以来就把生死看成是人生的两件大事,"慎终追远"的孝亲思想一直是中国固有文化中为人所称誉的美德,此与佛教的报恩思想颇为符合。

不过,中国民间的丧葬礼仪众说纷纭,莫衷一是,很多不合时宜的观念、做法实在应该净化、改良。例如看风水、择日、死后8小时以内不能入殓、出殡时安排电子音乐、花车、游街、哭墓等,不但浪费,而且有失庄严。因此,谈到丧葬礼仪,首先要建立正知正见。

例如生、老、病、死是人生必经的过程,但却很少人能坦然面对死亡,因此常常忽略了"临终"这重要的一刻。临终是"升"、"沉"最重要的关头,它是决定"往生"最宝贵而且具有决定性的一刻,眷属若在此时大声哭泣,引起病人悲痛的情绪,累他堕落,失却往生善道的机会,那是无益而有害的。所以,若遇家里有人过世,不宜哀嚎大哭、摇晃、塞手钱、拜脚尾饭,甚至马上替亡者更衣等,因为此时亡者神识未离,会令其留恋不舍,增加痛苦。最好在病人病危时,礼请法师或道友前来助念,亲人亦应在旁一起助念,帮助亡者往生极乐净土。亦可请病人敬重且善说法要的有德长者,安慰开导病人,劝其一心念佛,求生净土。

此外,现代的丧葬,动不动就要买偌大的墓地,建偌大的墓园,造成死人与活人争地的现象。佛教自印度开始即主张火葬。火葬比天葬、海葬、林葬、土葬都好,当初佛陀涅槃后,也自以三昧真火荼毘。目前火葬的观念已渐被一般人所接受,尤其一般佛弟子在火葬后,将骨灰奉安在寺院的纳骨塔,这实在是人生最圆满的归宿。

佛教的纳骨塔不同于一般世俗的灵骨塔,它除了实质解决现实的问题外,更蕴涵着深刻的信仰意义。因此,佛光山的慈善事业中,除了开办有育幼院、养老院、云水医院外,并设万寿堂,供信徒安放灵骨,周全地照顾信徒的生老病死,让人的一生都能在佛法里获得圆满的照顾。

有关丧葬礼仪,尤应注意下列几点:

1. 不要虚荣:现在的人遇到丧葬事宜,常常竞以虚荣心处理,要做得比别人好,实在不必要,应当尊重亡者心愿才是最重要的。

2. 不要铺张:丧葬事情,讲究你有多少乐队、我有多少花车;其实不一定要这样,丧葬是个人家庭的事,何必劳师动众呢?庄严、哀伤、肃穆胜于吹吹打打。

3. 不要迷信:治丧无非求死者安,生者孝,一尽哀心悼念而已,不必刻意做作。

生死是人生的两件大事,依佛法的观点来看,生不足喜,死亦不足悲,唯以庄严的心态面对之。因此,遇有亲朋好友往生,应以庄重的心情参加吊丧;若逢喜庆,亦应前往祝贺如仪。喜,福也;庆,贺也。《周礼·秋官·大行人》云:"贺庆以赞诸侯之喜。"今俗凡吉祥之事,皆谓之喜,皆值得庆贺。如嫁娶生子、高龄祝寿,乃至新居落成、新书出版、金榜题名、仕途高升等,都是值得庆贺的喜事。但不管任何喜庆,均以简单隆重、不铺张浪费为宜,参加者若

能注意以下礼仪,则能皆大欢喜:

1. 家有喜庆,得酌将日期、时间与地点通知至亲友好,但需避免冗杂,并且避免杀生,不用荤腥宴客。
2. 亲友遇有喜庆,得亲往庆贺,或寄贺卡或以电话祝福。
3. 致贺时,应依时前往,避免迟到早退。
4. 穿着要得体,言行要恰当。
5. 贺礼的选择,应注意其意义及实用价值,如佛书、念珠等。

生与死是人生两大课题,禅宗有谓"生死未明,如丧考妣"。生与死不仅是人生两件大事,也是一般人所难以解开的谜。当初佛陀出家证悟的,正是解答这两大谜题的真理,这也正是佛教的教义所在。今日的人间佛教,也不外乎解决生、死两大问题。生,就是养与教;死,就是丧葬事宜。

在中国社会里,一到了婚丧喜庆的节骨眼上,每一个地方都有不同的风俗、不同的习惯,大家都执着不改。其实许多风俗都是人为的,如看地理、风水、日期,都是迷信,太过执着,于事无补。比方说看日期,一定要什么日子,日子不好就不吉祥,其实世间上哪有什么一定的日子? 在台湾是白天,在美国却是夜晚。再如看地理,一定要朝东面西,或是坐北向南。其实虚空并没有方位,譬如两个人对坐,你的右边是我的左边,我的前方是你的后方,到底哪边才是左,哪边才是右? 哪边才是前,哪边才是后呢? 因此,在《善生经》中,佛陀告诉善生童子不必礼拜方位,方位不是在虚空中,而是在我们心中,我们要礼拜的六方是:父母为东方,师长为南方,夫妻为西方,亲朋为北方,童仆为下方,沙门为上方。

虚空没有一成不变的方位,在无边的时空中,我们真实的生命是无所不在的，你能够觉悟体证到自己本来面目的时候，你的本心就遍满虚空，充塞法界，横遍十方，竖穷三际，与无限的时空是一体的，因此，方位不在虚空中，而是在我们心中。

一般人的心态，对于不了解、不知道、看不见的事物，常常盲目臆测，牵强附会，甚或迷而信之，因此容易被神权控制。佛教讲"人人有佛性"，就是在说明我们每一个人都有主权，让我们警觉到原来自己是可以主宰自己的一切。地理风水虽然有它的原理，但不是真理，所以佛教不但反对时辰地理的执着，而且主张不要迷信，要从神权控制中跳脱出来。所以不一定要迷信时辰，也不一定要执着地理，佛教讲"日日是好日，处处是好地"，只要心好，时时处处都好，诚意要比虚节重要。

十七、自然观（环保之道）

"自然"是世间的实况，如春夏秋冬四季的运转、众生生老病死的轮回、心念生住异灭的迁流、物质成住坏空的变化，都很自然。

自然是一种法则，自然就是不刻意、不做作，凡一切顺理成章的道理，都叫自然。佛陀当初在菩提树下证悟宇宙的真理"缘起性空"，实际上就是宇宙间"自然"的法则。甚至由缘起法则所衍申出来的"业力自由"、"众生平等"、"同体慈悲"、"生死一如"等观念，能够把生存与死亡统合起来，更将生命的尊严发挥到自然的极致。

自然就像一个"圆"，好因带来善果，坏因招致恶果，因果相续，无始无终。"因果业报"是佛教的真理，佛陀是宇宙真理的觉悟者，佛陀所宣说的教义，也就是解释自然界运行的真理，因此佛陀常说"法尔如是"，也就是出乎自然、天然、当然、不勉强的意思。

佛教一向追求自然，重视人心、人性。例如佛陀欢喜在幽静的森林散步经行，或者在寂静的大自然中沉思冥想；阿难曾在林间习定，因见面然饿鬼而起慈救之心；须菩提于树下晏坐，体会甚深的空义。乃至中国禅宗祖师崇尚自然生活，不但居住在山林水边，远离车马喧嚣，不受凡俗尘扰，尤其思想上的放旷自由，洒脱自在，任性逍遥，不受拘泥束缚，这就是精神上的自然。

说到"自然"，自然，则和；如不自然，就会导致纷乱。古德云："违顺相争，是为心病。"贪欲、瞋恚、愚痴、我慢、疑嫉搅动心湖，人就会烦恼愁肠。佛教主张"缘起缘灭"，随顺自然；佛教行者对于生活中的有无、贫富、好坏、得失，都看得很自然。一切随顺自然，正如佛陀"有缘佛出世，无缘佛入灭；来为众生来，去为众生去"，这就是自然。能够顺应自然，不滞留烦恼、痛苦，这就是身心的环保。

佛教是个深具环保意识的宗教，不但注重内在的心灵环保，同时兼顾外在的生态平衡，例如注重山林、流水、生态、动物等的保护。而环保工作做得最好的是佛教的西方极乐世界。阿弥陀佛是环保专家，阿弥陀佛的极乐净土，黄金铺地，七宝楼阁，七重栏楯，极尽庄严清净，不但没有空气污染、水源污染，也没有噪音、毒气、暴力、核能等公害，而且人民思衣得衣，思食得食。主要的目的，不外希望大家都能在自然的生活下安居乐业，因为唯有顺应自然，我们的心灵才得以解脱，我们的生命才能够自由。

自然就是天、地、人调和。一般人之所以有种种痛苦的产生，是由于与大自然的人、事、物、境，处于对立，不能调和所致。世间事合乎自然，就有生命；合乎自然，就有成长；合乎自然，就能形成；合乎自然，就有善美。一切生命和自然息息相关，生命都是自然的一部分,自然的生命不是以好不好来论断,是顺生死轮回的法则在运转,当吃饭则吃饭,当睡觉则睡觉,所以大珠慧海说:"饥来吃饭,困来眠。"药山惟俨说:"云在青天水在瓶。"可见"道"与自然同在,"道"就是自然的生活。也因为如此,连大圣佛陀都责备应笑而不笑、应喜而不喜、应慈而不慈、应说而不说、闻善言不着意的人为"五种非人",因为他们的行为不合乎自然。

自然是一种调和,自然也要奋斗。大自然的江河大海,也要奋斗才能奔放;湖水要澄清才能明净,澄清就是自然。山要安定,不能倒;树要有根,才能生长。顺乎自然,一切才能生生不息。

世间万物,有的色彩斑斓,有的淡雅素白;动物以保护色来自卫,这是自然的反应。有的动物白天活动,有的夜晚觅食;有的在空中飞翔,有的地上、海中悠游,这都是为了在大自然中生存。甚至动物被残杀也是自然的,所谓"物竞天择",佛教虽然提倡不杀生,但这是自我要求,不是要求别人,真理并非要求人人做到不可,所以这是一半一半的世界,有人得度,有人沉沦,这也是自然的真理。

自然界,花开很好看,花谢了,一样化为春泥更护花,这也是自然的循环。所以世间的生老病死、成住坏空、生住异灭,就是自然;逆天行事,就不是自然。人如果懂得顺应自然,就无所畏惧。例如春夏努力耕种,秋天积谷存粮,自然就不怕严冬来临;白天准备照明设备,自然就不怕黑夜来临。

在日常生活中,也有许多自然与不自然的事情。自然,使你身心愉快,行事顺畅;不自然,使你身心俱疲,累己伤他。例如感情的交流,以平衡协调为自然;语言的沟通,以体念包容为自然;人我的相处,以不违情理为自然;金钱的运用,以量入为出为自然。反之,逆向而行就是不自然。

天、地、人调和,物我无间,所谓自然,就是人心,就是真理,就是天命,就是宇宙的纲常。翻开中外史籍,历代的帝王,顺乎天命人心者昌,逆于天命人心者亡,他们的兴衰与自然法则关系密切。不但如此,我们的生活也要合乎自然,才能幸福美满。因此,我们不妨自问:"在金钱的运用上,我能合乎自然,量入为出吗?在感情的交流上,我能合乎自然,平衡来往吗?在语言的沟通上,我能合乎自然,顾念对方的需要吗?在做事的态度上,我能合乎自然,不违事理的原则吗?"

自然,则顺,过与不及,终将带来弊患。像久卧不起,久立不坐,久劳不息,久静不动等,都会引起生理上的四大不调,人就开始患病,乃至身根朽败,与世长辞。此外,近几世纪来,人类因生产消费过多的物质,远超过微生物所能还原的程度,而破坏了自然的运作,导致目前生态系统问题严重。凡此都证明了一旦忽视自然法则,就会自食恶果。

生活上的应世接物也是如此,感情若是一厢情愿,不顺自然,就不会天长地久;财富若是巧取豪夺,不顺自然,必有败坏之虞;名声若是哗众取宠,不顺自然,终将遭人唾弃;地位若是坐享其成,不顺自然,便会引起非议。

所以,我们想要过如实的生活,就必须顺应自然法则:夫妻之间应互敬互谅,邻里亲友应和睦相处,工作同事应互相提携,开创事业应将市场调查、资金筹措、人力资源、经营计划等安排妥当,为政治国应了解民意、重用忠良、察纳雅言、勤行善法。尤其身为佛教徒,更应以身作则,培福结缘,修定增慧,负起化导众生的责任。日用中能如此与"道"相符,那是自然的生活与生命的佛道,就或许没有过失了!

十八、政治观(参政之道)

政治是管理众人的事,人是群居的动物,不能离群索居;既然无法离开群众,所以不能不关心众人的事,不能不关心政治。

一般人谈到政治,每每将之与权术、谋略、党派、斗争画上等号,因此强调和合无争的佛教徒往往避谈政治,甚至在社会人士高唱"宗教的归宗教,政治的归政治"口号之下,更以远离政治为无求。

然而实际上,参与政治是国民的权利,除非触犯国家刑法,被剥夺政治权利的人才没有参政的资格。佛教徒中,即使出家僧侣也要纳税、服兵役,尽国民应尽的义务,所谓出家并不意味着出国,何况佛教主张不仅要自度,还要度人。佛教与政治有着异曲同工之妙,彼此息息相关,相辅相成,不但政治需要佛教的辅助教化,佛教也需要政治的护持弘传。

因此,历代以来佛教非但未曾与政治分离,而且一直保持良好的关系,例如佛陀成道后,游化诸国,经常出入王宫说法,开示仁王的治国之道,许多印度大国的君王如频婆娑罗王、阿阇世王、波斯匿王、优填王等,他们受到佛陀的感化而皈依佛教,进而成为佛教的护法,并且将佛法的真理应用在治国安邦上,健全社会,福利百姓。佛陀涅槃之后,仍有许多国王,如阿育王、迦腻色迦王、戒日王、弥兰陀王等,他们遵循佛陀教法,以法治国,建立清明政治,写下印度史上辉煌的一页。

在中国,历代僧侣与帝王也常有密切地合作往来,其中或有辅弼朝廷被尊为国师者,如南阳慧忠、法藏贤首、清凉澄观、悟达知玄、玉林通琇、天台智𫖮等。或有出仕朝中为宰相者,如宋文帝礼请慧琳为宰相,日理万机,时人称为"黑衣宰相";唐太宗向明瞻法师请教定国安邦之道,明瞻陈述以慈救为宗,太宗大悦,尊为帝相;明朝姚广孝本为道衍禅师,永乐皇帝爱其英才,敕令还俗辅佐朝纲,对明初的清明国祚贡献很大。

此外,自魏晋南北朝起,朝廷并设有僧正、僧统、僧录司、大僧正等僧官,至今仍为日本所沿用。直到今日,泰国、斯里兰卡、尼泊尔以"佛教领导政治,政治尊重佛教";日本不但以佛教为国教,而且规定全国人民要信奉三宝,执政者要礼敬三宝,佛教备受尊重;韩国亦曾以佛教为国教,并曾雕刻大藏经以救国。凡此都说明佛教与政治关系密切,政治需要佛教的辅助教化,正如孙中山先生所说:"佛教乃救世之仁,可补政治之不足。"

佛教不但有和谐政治的功能,并可帮助政治化导边远、消除怨恨、感化顽强,发挥慈悲教化的功效。例如佛教的五戒,对安邦治国的贡献,正如《传戒正范》云:"若百家之乡,十人持五戒,则十人淳谨;百人修十善,则百人和睦,传此风教遍于宇内,则仁人百万。夫能行一善,则去一恶;能去一恶,则息一刑;一刑息于家,百刑息于国。其为国王者,则不治而坐致太平矣!"

佛教对国家政治的影响与贡献,历代均有记载,诸如帮助生产、开发交通、保护生态、利济行旅、文化建设、安住军民、兴办教育、医疗救济、财务运转、科技文学等。

佛教在烽火连天的乱世，经常扮演攘敌安邦的角色，例如佛陀对摩揭陀国雨势大臣昭示健全国家的"七不退法"，巧妙地化解了一场血腥战争；唐朝的安禄山举兵造反，朝廷军需短绌，佛教徒于是发起贩卖度牒以增加军费，为平定安史之乱尽了最大的力量；南宋高宗偏安江南，礼请法道禅师入朝共谋国事，在禅师的极力奔走之下，为国家劝募了丰足的军粮，并且参战军旅，贡献计策，稳定了军机。曾经一度为禅僧的刘秉忠，元帝入主中原，耶律楚材仰慕他的贤能，特别征召他出仕为相，刘秉忠为了保全汉人的生命财产，免受无辜的杀戮，于是挺身而出，立朝仪，订制度，辅佐耶律楚材推行汉化，延续了汉民族的命脉。元代至温禅师，由于赞助王化有功，感动世祖而被敕封为佛国普安大禅师。可以说，自古以来，佛教辅佐、教化政治的事例，不胜枚举。

此外，佛陀对仁王政治的教化，也是散见于诸多经典，例如佛陀在《大萨遮尼乾子所说经》开示，执政者应当心常忧民，如母之忆子，不离于心；在《如来示教胜军王经》告诉身为国王者："于诸国邑所有众生，童仆作使、辅臣僚佐，应以诸佛所说四摄而摄受之。"在《长阿含经》说："君臣和顺，上下相敬，若能尔者，其国久安。"在《佛说孛经抄》里记载："为君当明，探古达今，动静知时，刚柔得理，惠下利民，布施平均。"在《法句譬喻经》中亦提出为王之道，当行五事：一者领理万民，无有枉滥；二者养育强士，随时禀与；三者念修本业，福德无绝；四者当信忠臣正直之谏，无受谗言，以伤正直；五者节育贪乐，心不放逸。在《金光明最胜王经》则说："于亲非亲，平等视一切，若为正法王，国内无偏党，法王有名称，普闻三界中。"

佛教教义与僧侣行仪可以影响帝王的政治理念，建立祥和社会;帝王的权势则能帮助佛教普遍弘传,净化世道人心。晋代道安大师说:"不依国主,则法事难立。"佛陀在《仁王护国般若波罗蜜多经》中,将护法之责交付国王,以收"上行下效,风行草偃"之功。此可证之于佛世时,因为有频婆娑罗王、波斯匿王的护持,佛教才能传遍印度;佛陀灭度后,阿育王修建八万四千座佛舍利塔,并派遣布教师到锡兰(现在的斯里兰卡)等地弘法,使得佛教得以向外弘传,广宣流布。中国因有东汉明帝派遣郎中蔡愔,西赴天竺迎请迦叶摩腾、竺法兰等高僧来华弘法,佛教因此得以传入中国。至于中国佛教的译经事业,大多是由于历朝帝王保护,设置译经院,因而得以完成,如鸠摩罗什大师受后秦姚兴的护持,在西明阁从事译经,而有《法华经》《中论》等74部384卷经论流传后世;玄奘大师在唐太宗的支持下,译出《大般若经》《成唯识论》等75部1335卷经论,使法宝圣教的光辉普照于中国。

现代信教自由,且政治有护持佛教的力量,佛教也有清明政治的功用。因此,佛教需要政治的护持,政治不要嫉妒佛教,也不要舍本逐末地只奖励慈善,应该多奖励从事净化人心,改善社会风气者。而佛教对于社会的关怀、人权的维护、民众的福祉,自是不能置身事外。因此,佛教徒不能以远离政治为清高,个人可以不热衷名位权势,但不能放弃关怀社会、服务众生的责任。今日佛教徒为了弘法利生,对政治不但不应抱持消极回避的态度,相反的,应该积极关心,当下承担。因为人在社会上谁也脱离不了政治,佛教徒虽不介入政治,但关心社会,关心政治,所谓"问政不干治",这是佛教徒对政治应有的态度。

十九、国际观（包容之道）

由于现代的科技发达，交通电讯便捷，大大缩短了人与人之间的距离。例如现代的电话、计算机网络、遥控器等处处都把地球上的人联结得愈来愈紧密，致使21世纪已经成为"地球村"的时代，所有生存在地球上的人类，不得不以"地球人"自诩！

在地球村里，虽然有许多的国家、许多的种族、许多的文化、许多的语言，但不会妨碍地球村的发展。例如，全世界的国家、城市、乡村，都有所谓"社区"的结构。在一个社区里，有许多的家庭，许多不同的姓氏、个性、年龄、性别、语言、生活习惯、宗教信仰的人生活在一起，但都不会妨碍社区的和谐。

从一个社区扩大到一个地球村，其道理都是一样的。只是，人，都是先爱一个家，而后爱一个宗族，接着推及一个邻里、一个村庄、一个社会、一个国家，继而从同胞、人类，再到一切有情众生。愈是与自己亲近者，爱得愈深，愈是疏远的人，能付出的爱愈少，所以佛教讲"无缘大慈，同体大悲"，并非人人都能容易做得到，因此也就有圣凡之分。

由于一般人的爱，都是有缘、有相的慈悲，尤其有亲疏、爱憎、人我的分别，因此就有比较、计较，继而有人我纷争。人间佛教的国际观，就是要打破人我的界线，要本着"同体共生"的认识，互相包容、尊重，彼此平等、融和，大家共荣、共有。

例如在佛教里，讲到时间都是过去、现在、未来三世；讲到空间都是此方、他方、十方无量世界；讲到人间，都是胎生、卵生、湿生、化生，也是无量无数。所以，佛教的国际观其实已经完全泯除了时空的界限。

《阿弥陀经》里提到,众生"各以衣祴盛众妙华,供养他方十万亿佛";彼此结缘,彼此赞美,就是充满了国际观。《弥勒菩萨上生经》《弥勒菩萨下生经》中,弥勒菩萨不但与地球上的人类有来往,甚至天上天下,乃至到三界二十八天、十八层地狱里去度众生。佛教的常不轻菩萨,不轻视任何一个众生,佛教里观世音菩萨游诸国土,救苦救难;佛教对弱势团体,对落后的小小国,尤其给予关怀。

佛教吃饭时,都是供养一切众生;获得一丝一缕,都要感谢十方大众的因缘。佛教提倡平等,佛陀视一切众生都如爱子罗睺罗;佛教更重视一切生权的维护,所以佛教自古以来不曾引发世界战争。

有人说,自古以来,能够走遍千山万水、行脚山河大地的,有军人、商旅、探险家,再者就是僧侣的云水行脚、寻师访道。

佛教里,一部中印交通史,万千的僧侣和佛教徒往来西域丝路上;一部中日佛教交通史,也是多少人在海上漂流。大乘经典里,所谓"一念三千,心包太虚",诸佛菩萨都是十方世界去来。

台湾自从 30 年前开放观光以来,佛教徒所组织的观光团,在世界各地到处旅行;海峡两岸人民扩大交流以后,台湾的佛教徒更可到大陆朝礼名山。

我自己一生曾多次带团到印度、尼泊尔、美国等地旅游参访,对于观光旅行,我曾经就各地的文化订定十个层次:

第一级:台湾旅游一周。

第二级:新加坡、马来西亚、泰国。

第三级:日本、韩国。

第四级：南非。

第五级：美国、加拿大。

第六级：澳大利亚、新西兰。

第七级：欧洲。

第八级：俄国。

第九级：印度。

第十级：中国大陆。

此外，佛光山经常举行国际学术会议，组团到世界各国访问，甚至到梵蒂冈和教皇会面，访问伊斯兰教的清真寺等，总是希望在国际间散布和谐的种子。

我曾经说过，台湾发展科技，虽然促进了生活上的富裕，但那只是物质上的拥有，反而造成心灵与精神上的贫乏，许多乱象、弊病因此不断滋生。

佛法着重于内心的净化，它认清世界不平等的根本，源于人们内在的无明我执，人类贪求权力、名誉的欲望所致；由于贪婪心的占有，彼此就会引起冲突，从而招来不息的斗争。因此，佛教告诉我们要根治世界的乱源，必须从净化人们的心灵做起，从众生心中去实现人心的和平，从实践佛教的无我、慈悲、尊重、和平的教义，才能完成世界的真正和平。

联合国一再提倡和平，因为和平是千古以来，人人梦寐以求的美景。儒家以世界大同为天下升平和乐的期望；孙中山先生也以"天下为公"作为他草创民国的理想；佛教则以四生九有、法界平等的"天下一家，人我一如"的理念，建设人间净土。

"老吾老以及人之老，幼吾幼以及人之幼"，是中国传统的兼爱思想,而佛教除了对人权的维护,更进一步重视"生权"的平等。此为"众生皆有佛性"、"汝是未来佛",恭敬尊重每一个生命的权利。由于佛教提倡生权的平等,自然跨越国界的藩篱,而能天下一家;泯除同异的分歧,而能人我一如。

《华严经随疏演义钞》云:"心佛众生,三无差别。"众生彼此尊重、包容、平等、无我、慈悲,这才是民族间、国际间需要的理念。因此,我们居住在地球上,应以同体共生的地球人自我期许,提倡"生佛平等"、"圣凡平等"、"理事平等"、"人我平等"的思想,进而泯除人我界线,打破地域国界,人人具备"横遍十方,竖穷三际"的国际宏观,进而以"天下一家"为出发点,让每个人胸怀法界,成为共生的地球人,懂得保护自然,爱惜资源;以"人我一如"的同体观,自觉觉他,升华自我的生命,为自己留下信仰,为众生留下善缘,为社会留下慈悲,为世界留下光明。如此,才能共同促进世界的和平。

二十、未来观(发展之道)

人生最大的悲哀,就是自己对前途没有希望;有希望才有未来。

人是活在希望里——父母养儿防老,未来就有希望;培养子女接受教育,未来希望能成才。在生活中,敦亲睦邻,希望未来大家生活过得更安乐;栽花种树、积谷防饥,在等待中也有无限的希望和未来。中国人讲究"传宗接代",无非是希望未来种族的寿命能延长,代代相续;甚至现在的器官移植,也是一种延续未来生命的希望。

一个国家社会,人民热心缴税,希望未来国家的建设会更好;修桥铺路,希望未来交通的建设更方便;救济贫困,希望未来社会的福利无缺陷;选贤与能,希望未来政治的发展更民主;惩治贪官,希望未来政府的形象更清廉。乃至希望风调雨顺、希望国泰民安、希望世界和平早日到来等,这些都是现代人对未来的最大希望。

谈到未来,佛教不但讲过去,佛教更讲未来,并且非常重视未来,因为未来是我们的希望。在很多的佛经中,佛陀常常为弟子们"授记"将来经过多少时间后,他们会在什么世界成佛,佛号叫什么名字;授记,就是佛法重视未来的说明。佛教讲"发愿",佛教徒时时发愿将来要往生哪一个佛国,将来要如何服务大众;发愿,就是佛教重视未来的价值。甚至念佛的人希望往生净土,参禅的人期待明心见性,乃至布施结缘、回向功德等,都是希望未来会更好。

人是活在希望里,有希望的人生,活着才有意义;人之所以自暴自弃,往往是因为失去了希望。因为有希望,才有未来;没有未来的人生,就如黄昏的美景,因为时间太短,也就不值得欣赏了。

儿童从小跟随父母学习礼仪,进了小学学习知识,就是为了他有一个美好的未来。白天辛勤工作,夜晚还要加班,也是希望有一个更好的明天。动物要冬眠,因为它希望有未来;蚂蚁、蜜蜂储粮,也是为了未来。看到儿童、青年,觉得国家的未来有希望;花草树木虽然凋谢了,因为根本依然存在,就有未来的生机。

未来,是我们生命生生不息的契机;未来,是生命涓涓不断的长河。人生一日,也作百年的打算;人生一期的生命虽然短暂,但有流转无限的未来。

储蓄为的是未来,勤劳也是为了要有未来。未来是一个美好的希望,为了未来,科学家为人间提供科学的成就,改进人类的未来;哲学家提供哲学理念,丰富人生的思想内涵;文学家努力创造诗篇,提供人间未来诗情画意的美好人生;企业家提供生产,改善社会大众的生活。为了未来的希望,多少革命家为国牺牲了;因为人类不断为未来辛苦奉献,所以人类的未来也才充满了无限的希望与美景。

为了未来的成就,现在的辛苦、努力,心甘情愿;为了未来的幸福,现在的流血、流汗,在所不辞。为子女,想到子女将来会有成就;为家庭,希望家庭未来会安乐。为了未来有退休养老金,现在就要好好工作;为了未来有收成,现在就要好好耕种。为了未来有善名美誉,现在就要有好好的立身行事;为了将来在历史上能留下丰功伟绩,现在就要努力立功、立德、立言。

我们生存在世间,只要活在希望里,则明日会更好。明天,我还有许多的事要做,所以今天就要好好休息;来生,还有漫长岁月要成就,所以今生就要努力耕耘。人,要活在希望里,不要活在过去的记忆中!因为未来比现在更美丽;有未来,才有无限的希望。

依佛教的三世因果观来看,生命不是只有一世。因为有过去,才有现在;因为有现在,才有未来;因为有未来,才有三世;因为有三世,才有希望。三世,就是过去、现在、未来。人,不但是研究过去的历史、研究现在的社会和科学,而且眼光已经注意到未来,所以有未来学的学科。

未来学,是一个未知的学科。现在的社会人间都在不断地变化,未来是没有发生的情况,要如何来研究它呢?只有从人类过去的历史经验,以及现时生活的体验,经过思想、科学,各种学科的尺牍,预设未来的世界会成为什么样子,这就叫作未来学。

地球的未来、人类的未来、未来的战争、未来的经济、未来的生物、未来的太空,举世都在朝未来洞察、研究。可以说,举世的学者都在奔向未来。

人类已经预备在未来占领太空,生物学家已经在研究未来人类的生命,可以活到千岁以上。地理学家引导人类开发洪荒、沙漠之地;甚至有人希望未来能把洪水化成石油,能将不好的基因改变成为好的基因。

未来的世界,可以搭乘火箭,直达月球、火星、木星。未来的世界,空气可以当饱,树叶可以充饥。未来的世界,石头砖块经过科学的冶炼,可以成为面包,木材也可以制成肉松。未来的世界,人类每日只要一餐,就可以活命;睡在床上,就可以遥控指挥世界。

我们不要以为这是匪夷所思,现在的网络系统已经改变了人类的生活,缩短了人类空间的距离;基因的发现、生命的密码,类似于佛教业力论的精密。

甚至于在佛法里常常提到的天眼通,不管如何的障碍,都能看得很远;天耳通,不管多远的声音,都能听得清清楚楚,在过去的人来讲,这不就像是神话一样吗?但是现在,再远的地方,只要经过电视卫星转播,我们都可以看得到,这不是类似于天眼通吗?再远的人讲话,透过电台广播,透过电话,我们也都可以听得到,这不是类似于天耳通吗?天方夜谭里的飞毯,人坐在上面,可以翱翔自在地飞往所要去的地方;水晶球,你要看什么里面就会变什么,这不是神话吗?但是现在的飞机,不就像一张飞毯?电视机不就像水晶球?所以,当时好像是在说神话,但是这许多神话,其实在佛经里早已经描述过了。

因此,我们现在看《阿弥陀经》说,极乐净土是黄金铺地,流水有冷有热;共命鸟的啼叫和流水的声音,都是真理的法音。在极乐世界里,没有交通事故,没有男女欲染,人类都是自由飞行,眼看意想,都有悦乐;所谓随心所取,随意所需,佛教其实早已把未来的世界规划得非常美好了。

佛教理想的未来社会,就是"佛光普照的社会",所谓佛光普照的社会就是生权政治、真理宗教俱实现了的人间净土的社会。

佛教讲的净土,不只是指十万亿佛土以外的阿弥陀佛的西方极乐世界,和药师佛的东方琉璃世界。佛教的净土是可以在人间实现,也可以在现代实现的,因为《维摩诘经》说:"随其心净则国土净",意思是说,娑婆世界很脏乱、很黑暗、很动荡不安、很令人烦恼,但这一切都是我们不健全的心理所表现出来的。假如我们有健全而美好的心理建设,则未来在佛光普照下,我们的社会再也没有阶级斗争,没有男女关系,众生一律平等;没有经济占有,没有物质匮乏,人民生活逍遥;没有恶人骚扰,没有政治迫害,社会安定和乐,则极乐世界的一切都可以在我们的眼前实现,这个世界就可以成为人间净土了。

"人间净土"是未来的理想社会,要达到此一理想,圆满此一目标,必须人人持守五戒。五戒是佛教的根本戒法。所谓五戒:第一,不杀生;第二,不偷盗;第三,不邪淫;第四,不妄语;第五,不吸毒。五戒分开来讲有五条,其实从根本上看只有一条——不侵犯众生。人间的争斗、动乱、不安,主要就是由于彼此相互侵犯,不尊重他人而引起的。只要人人奉行五戒,则不乱杀,这是尊重别人生存的权利,不去侵犯;不乱取,这是对别人所有物的尊重,不去侵犯;不乱淫,这是尊重别人的身体名节,不去侵犯;不乱说,这是尊重别人的名誉信用,不去侵犯;不乱吃,这是尊重自己的身体、健康、智慧,不去侵犯。如果世间的每个人都能严持五戒,进而实践四摄六度、明白因果业报、奉行八正道法,那么人间净土的理想就不难实现了。

人生一期的生命,从过去延续到现在,从现在慢慢走向未来。在未来的道路上,生命分段的生死,虽然只有几十年的岁月,但生了又死,死了又生,一次又一次地往无尽的未来走去。

未来是什么?未来会如何?一般人莫不希望自己有一个美好的未来,甚至希望能够预知自己的未来是什么样子,因此就有许多人求助于算命、卜卦,企图借算命卜卦来预知未来。其实,未来是什么?未来无始无终!未来好像一个时钟,滴答滴答地往前走,走到什么地方停下来,这是不可知的谜。既然知道未来是无穷无尽,我们又何必斤斤计较于现在?现在、今生、百年的岁月,在无穷无尽的未来里面,能占多少呢?因此正信佛教不主张求神问卜,也不必算命卜卦,因为未来是没有办法预知的,如果我们一定要预知自己的未来,那么就把未来掌握在自己的手中,因为《三世因果经》说:"欲知前世因,今生受者是;欲知未来果,今生作者是。""如是因"必然招感"如是果",自己的命运是可以由自己来决定的。

因此,欲知未来,不如把握现在。人生有过去,有现在,有未来。其实,过去的也未尝过去,它影响到我们的现在;现在的时光虽不停留,它却领导着我们走向未来;未来还有未来,生生世世就这么轮转不休。广义的过去,无量"阿僧祇劫";广义的未来,还是无量无数的"阿僧祇劫"。对于过去的行为,我们可以作为反省,也可以自我检讨,从中汲取经验,改进未来;对于现在,我们不能停滞,不可故步自封;因为不放弃后面的一步,又怎么能跨步向前呢?所以,生命的价值,不光是生命的过去,更大的价值是生命的未来,因为未来就是每个人的希望。当我们在播种之时,必然希望有所收获;看到太阳下山了,我们希望它明朝依旧升起。人生就是活在未来的希望里,因为知道有未来的幸福可期,所以现在无论如何的艰难困苦,我们都能甘之如饴。如果没有理想,谈何方向?谈何实现?没有未来,我们就没有目标,就没有理想,也就无法享受成功的喜悦。

所以,佛教的三世因果观,带给人生无限的希望与未来。所谓三世,前世、今生、来世,是三世;过去、现在、未来,也是三世,甚至前一秒、此一秒、下一秒,都是三世。三世在我的当下一念,在我的一心之中。因此我们要好好地把握过去、现在、未来,使它善行循环,善念相继,如此才能有美好的未来,才会有圆满的人生。

佛法分世间法、出世间法,佛教最终的目标虽然是追求出世的涅槃解脱之道,不过人生在世是离不开世间法的,即使是佛法也主张"先入世再出世"。所谓"佛法在世间,不离世间觉;离世觅菩提,犹如觅兔角",人既然不能离开世间而生存,也不能没有入世的生活。但是一般人的生活,大部分是过着:

1. 以物质为主的生活,因为物质占了我们生活的主要部分。

2. 以感情为主的生活,因为人是感情的动物,所以佛说"众生"为有情。

3. 以人群为主的生活,因为人不能离群而独居。

4. 以根身为主的生活,因为一般人都是依靠眼、耳、鼻、舌、身、意(六根)去追求色、声、香、味、触、法(六尘)的快乐。

人虽然过着物质的生活、感情的生活、群居的生活、根身为主的生活，但是：

1. 物质是有限的，不能满足我们无限的欲望；所以我们要有"合理的经济生活"。

2. 人情是缺陷的，不能永远令我们满意，所以我们要有"净化的感情生活"。

3. 人群是利益冲突的，不能长久和平相处，所以我们要有"六和的处世生活"。

4. 根身是无常的，因缘会招感聚合离散，所以我们要有"法乐的信仰生活"。

以上所说，都是规划人间佛教的蓝图、建设人间佛教的净土不可或缺的内容。

此外，在《维摩诘经》中《佛道品》的内容，可以说都是人间佛教的内容，如：

> 智度菩萨母，方便以为父，一切众导师，无不由是生。
> 法喜以为妻，慈悲心为女，善心诚实男，毕竟空寂舍。
> 弟子众尘劳，随意之所转，道品善知识，由是成正觉。
> 诸度法等侣，四摄为伎女，歌咏诵法言，以此为音乐。
> 总持之园苑，无漏法林树，觉意净妙华，解脱智慧果。
> 八解之浴池，定水湛然满，布以七净华，浴此无垢人。
> 象马五通驰，大乘以为车，调御以一心，游于八正路。
> 相具以严容，众好饰其姿，惭愧之上服，深心为华鬘。
> 富有七财宝，教授以滋息，如所说修行，回向为大利。
> 四禅为床座，从于净命生，多闻增智慧，以为自觉音。

> 甘露法之食,解脱味为浆,净心以澡浴,戒品为涂香。
> 摧灭烦恼贼,勇健无能踰,降伏四种魔,胜幡建道场。
> 虽知无起灭,示彼故有生,悉现诸国土,如日无不见。
> 供养于十方,无量亿如来,诸佛及己身,无有分别想。

"人间佛教"的思想理论,证诸经典语录,佛陀的教示本来就充满了人间性,人间佛教其实就是佛陀的本怀,这是毋庸置疑的事实。所以,人间佛教的蓝图,可以说早在2500多年前佛陀就已经为众生规划完备。只是,如何弘扬人间佛教,如何透过各种弘法活动,让人间佛教的蓝图实际在人间呈现,这才是后世佛弟子所应该用心、努力的方向。

有感于人间佛教不能只是停留在理念的层次,而应该以积极行动来落实佛法,因此佛光山开山30多年来,一直秉持着"以文化弘扬佛法,以教育培养人才,以慈善福利社会,以共修净化人心"的四大宗旨,从各个领域落实佛法。

例如在教育方面,为了培养人才,除先后创办了16所佛学院、4所大学、26所图书馆、9所美术馆之外,在全世界同步举办的世界佛学会考,更带动全球各地的学佛风气;以及各别分院道场举办的佛学夏令营、佛学讲座、都市佛学院、星期儿童班等,更将菩提种子撒满世界各个角落。

在文化方面,除了至今仍在持续进行的大藏经编纂工作外,历经数年完成的《佛光大辞典》于1989年荣获金鼎奖,对海内外学佛者的帮助甚大。《中国佛教经典宝藏》将佛经予以白话化、通俗化,有助于大家更深入理解经义。甚至为让有心学佛者通盘了解佛教,五年前我特别集合了近百人,先后编撰《佛教丛书》及《佛光教科书》,把佛教作了一番有系统而完整的介绍。2000年佛光山又创办了一份《人间福报》,以及编辑《普门学报》《中国佛教学术论典》《中国佛教文化论丛》,带动佛教的学术研究风气。此外,"佛光卫星电视台"为佛教广开言路,也为传播佛法尽一份力量;香海文化、佛光文化、如是我闻等事业机构更发行雅俗共赏的佛教刊物,以现代化的视听影音技术弘法利生。

在慈善弘法方面,大慈育幼院、施诊医疗队、老人之家、万寿园等的设立,使生老病死皆有所安。在布教修持方面,佛光山在世界各地的信徒于每周六同一时间念佛共修,其他因应当地情况的定期共修法会及十余所禅堂、念佛堂、抄经堂、礼忏堂,都对净化人心发挥了预期的效果。

在我自己的这一生当中,自认一直都很用心地在推广"人间佛教",当我在讲述佛法时,要让大众听得懂;书写文章时,要让大众能体会;兴建道场时,要让大众用得上;举办活动时,要让大家能参与;开办法会时,要让大家能法喜;海外弘法时,也总是会提供外语翻译,我随时随地顾及大众的需要,因为实用的佛教,才是人们所需要的佛教。

甚至为了顺应时代的需要与众生的根基,早在1954年,我率先发起倡印精装本的佛书,我提倡街头布教;慢慢地,我又将之发展为监狱学校的弘法以及电台、电视的讲演。我组织了全台湾第一个佛教的歌咏队,从事环岛布教,宣扬佛法教义。40多年来,我努力将寺庙演进为讲堂,将课诵本演变成佛教的读物,将个人的修行扩展至集体的共修,将诵经转化成讲经;甚至为了扩大在家信众参与弘法的空间,我创办了国际佛光会,建立了檀讲师的制度,希望让人间佛教的蓝图,逐步在佛光普照的理念下,一一实现。

终于,经过多年来的努力,以及在十方信众的护持下,佛光山的确已经成就了不少值得皆大欢喜的贡献,例如——

1. 台湾佛教人口增加。
2. 青年学佛风气日盛。
3. 在家弟子弘扬佛法。
4. 人间佛教获得认同。
5. 传播媒体重视佛教。
6. 佛教文物广泛流通。
7. 佛教梵呗受到尊重。
8. 佛光人会蓬勃发展。
9. 教育学界肯定佛教。
10. 政党人物实践佛教。
11. 演艺人员皈依佛教。
12. 佛学会考成绩辉煌。

甚至影响所及,已经带动台湾佛教——

1. 从传统的佛教到现代的佛教。
2. 从独居的佛教到大众的佛教。
3. 从梵呗的佛教到歌咏的佛教。
4. 从经忏的佛教到事业的佛教。
5. 从地区的佛教到国际的佛教。
6. 从散漫的佛教到制度的佛教。
7. 从静态的佛教到动态的佛教。
8. 从山林的佛教到社会的佛教。

9. 从遁世的佛教到救世的佛教。

10. 从唯僧的佛教到和信的佛教。

11. 从弟子的佛教到讲师的佛教。

12. 从寺院的佛教到会堂的佛教。

13. 从宗派的佛教到尊重的佛教。

14. 从行善的佛教到传教的佛教。

15. 从法会的佛教到活动的佛教。

16. 从老年的佛教到青年的佛教。

这一切的成就在在说明了:佛法不管怎么好,都要能顺应社会大众的需要,要能让人受用,如此才有价值。因此,所谓提倡人间佛教,真正需要的是落实人间佛教的行者,人间佛教不能只是喊喊口号而已!

未来人间佛教必然是佛教的主流,这是无法阻挡的时代潮流,因为唯有人间佛教,才是大众所需要的佛教。

2002年9月《普门学报》第5期

人间佛教的思想

真正的人间佛教,
是入世重于出世、生活重于生死、
利他重于自利、普济重于独修。

佛光山提倡"人间佛教","人间佛教"的理念,不但早在我的心里,在我的行为里,也时时在我的思想里。

究竟什么是"人间佛教"?佛教的教主——释迦牟尼佛,就是人间的佛陀。他出生在人间,修行在人间,成道在人间,度化众生在人间,一切都以人间为主。佛陀为什么不在其他五道成佛?为什么不在十法界中的其中一法界成道,而降世在人间成道?再深入看,佛陀为什么不在过去时间、未来时间成道,而在我们现世的娑婆世界成道?这就说明,佛陀是以人间为主的。人间的佛陀,他所展现的人间佛教,具有六个特性:

1. 人间性:佛陀不是来无影、去无踪的神仙,也不是玄想出来的上帝。佛陀的一切都具有人间的性格,他和我们一样,有父母、有家庭、有生活,在人间的生活中,表现他慈悲、戒行、般若等超越人间的智慧,所以他是人间性的佛陀。

2. 生活性：佛陀所发展的佛教，非常重视生活，对我们生活中的衣食住行，乃至行住坐卧，处处都有教导。甚至对于家庭、眷属的关系，参与社会、国家的活动等，都有明确的指示。

3. 利他性：佛陀降生这个世界，完全是为了"示教利喜"，为了教化众生，为了给予众生利益，以利他为本怀。

4. 喜乐性：佛教是个给人欢喜的宗教，佛陀的慈悲教义，就是为了解决众生的痛苦，给予众生快乐。

5. 时代性：佛陀因一大事因缘，降诞于世，特别与我们这个世间结缘。虽然佛陀出生在2500年前，并且已经证入涅槃，但是佛陀对于我们世世代代的众生，都给予得度的因缘。所以至今天，我们还是以佛陀的思想、教法，作为我们的模范。

6. 普济性：佛教虽然讲过去、现在、未来，但重在现世的普济；空间上，虽然有此世界、他世界、无量诸世界，也重视此世界的普济；讲到众生，虽然有十法界众生，更重在人类的普济。

佛教是以人为本的佛教，佛陀在各种经论中，一直强调"我是众中的一个"，表示他不是神。《维摩诘经》则说："佛国、佛土在众生身上求，离开了众生，就没有佛；离开群众而求道，是没有道可求的。"六祖大师更说："佛法在世间，不离世间觉，离世求菩提，犹如觅兔角。"我们要成佛，必须在人道磨炼、修行，才能成佛，在其他诸道中，是无法成就佛道的。

《杂阿含经》卷十五中曾以"人身难得"的譬喻，赞叹生而为人的可贵。经上提到："黑夜里有一只盲眼的乌龟，想要上岸求救。茫茫大海，黑暗无边，只有一根木头，这根木头有一圆孔，这只瞎了眼睛的乌龟，要在百年一浮一沉的刹那，找到那个孔，才能找到得救之道。"得人身,就是如此困难、稀有。《阿含经》中也提到:"失人身如大地土,得人身如爪上泥。"这都是意谓人身的难得,人间的可贵。

我曾在美国旧金山举行家庭普照,有位老师提出一个问题,他说:"佛教要我们在家的佛教徒了生脱死,我们不想;叫我们成佛,我们也没有动念过,因为成佛困难而遥远,而了生脱死也是件好渺茫的事。我们现在只想知道,如何才能过得比别人更好一点?比别人更高一点?"

我听了以后,感触很多,我们的佛教一直偏离了人生。过去闭关的佛教、山林的佛教、自了汉的佛教、个人的佛教,失去了人间性,让许多有心入佛门的人,徘徊在门外,望而却步,裹足不前。所以佛教在度化众生方面,要加强力量。

太虚大师说,印度佛教最初的 100 年至 300 年间,是小行大隐的时代——小乘佛教盛行,大乘佛教隐晦的时代。到了 600 年以后,是大行小隐的时代——大乘佛教盛行,小乘佛教不彰显的时代。1000 年以后,是密主显从的时代——密教为主,显教为从的时代。到了今天是人间佛教圆融的时代。不论小乘的、南传的、大乘的、藏传的、中国的佛教,把原始佛陀时代到现代的佛教,全部融合、统摄,回归佛陀在人间"示教利喜"度化众生的本怀。

一般人熟悉的四大名山中的四大菩萨,其中观世音、文殊、普贤示现在家相,只有地藏王菩萨现出家相。为什么这些菩萨大都现在家相?原因是过去的出家众,具声闻性格者多,出世的思想比较浓厚;而在家的佛教徒,比较乐观、积极、向上,更合乎大乘佛教的宗旨。因此大乘的佛教,更合乎佛陀的本怀。像太虚大师自己也谦称:"比丘不是佛未成,但愿称我为菩萨。"意思是,说我是比丘,不敢当,比丘戒律不容易受持得很完美。说我是佛吗?我也还没成佛,但愿称我为服务众生的菩萨。

菩萨不是泥塑,不是只供养在佛堂,而是在人间活跃,有觉悟、有度众个性的大有情。我们人人都可以成为菩萨。所以,太虚大师一生提倡"人间佛教",最后归纳到菩萨学处,学菩萨就是人间佛教的旨趣。

人人都有追求往生净土的目标,在西方有极乐净土,在东方有琉璃净土,弥勒菩萨有兜率净土,维摩居士有唯心净土。其实,净土不一定在东方或在西方,慈航菩萨说:"只要自觉心安,东西南北都好。"佛教的净土到处都是,为什么我们不在人间创造安和乐利的净土,而要寄托未来的净土?为何不落实于现实国土身心的净化,而去追求遥不可知的未来?

所以,我常说对佛光山具有某种护教程度的信徒,当他老年时,不一定由儿女来养他,可由本山奉养,让他颐养天年;不一定等往生之后,才能到西方极乐世界,让阿弥陀佛补偿他。因为他对佛教很好,我们奉养他,让他当生即往生佛光人间净土。真正的人间佛教,是入世重于出世、生活重于生死、利他重于自利、普济重于独修。

佛教有小乘、大乘,有显教、密教,无论如何区分,都必须具有人间性,才能适合时代的潮流。这不仅继承传统,而且是时代所趋,人间佛教必然是未来的一道光明。

佛教早期以声闻趋向大乘,称为正法时期;后来以天乘之天道思想趋向大乘,是为像法时期;以人乘佛教趋向大乘,可说是末法时期。太虚大师说,末法时代提倡人间佛教更为重要。人间佛教具有哪些基本思想?以下提出六点作为说明。

一、五乘共法是人间的佛教

佛教分为五乘:即人、天、声闻、缘觉、菩萨。人天乘的佛教,重于入世;声闻、缘觉乘的佛教,重于出世。具有人天乘入世的精神,再有声闻、缘觉出世的思想,那就是菩萨道。我们要以菩萨为目标,自利利他,自度度人,自觉觉人,把人我的关系,看成是分不开,是一致的。这五乘佛法调和起来,就是人间的佛教。

譬如,我们从高雄坐火车到台北,必须经过台南、台中、新竹才能抵达台北。我可以不在台南、台中、新竹下车,直往目的地而去,但我不能不经过台南、台中、新竹而到达台北。同样的,如果要成佛,可以直接实践大乘人间佛教的法门,但是不能不经过人天、声闻、缘觉乘的佛教来完成自己。

二、五戒十善是人间的佛教

曾经有位军校校长问我:"佛教对于国家、社会能作出什么贡献?"我说:"三藏十二部的圣典,都有益于国家社会。"简单地说,只要五戒,就可以治国平天下。五戒是不杀生、不偷盗、不邪淫、不妄语、不乱吃刺激性的东西、不饮酒。

不杀生,是对于他人生命的尊重,不侵犯他人,生命就能自由。不偷盗,对于他人的财产,我不去侵犯,财富就能自由。不邪淫,是对于他人的身体、名节不侵犯,身体、名节就能自由。我不说谎,对于名誉、信用不侵犯,他人的名誉也不会受伤害。不饮酒,不吃刺激性的东西,对身体健康不伤害,对于智慧也不伤害,更不会对他人伤害。如果一个人能够持五戒,一个人的人格道德就能健全。一家持五戒,一家的人格道德都健全,一个团体、社会、国家都能奉持五戒,这个国家必定是个安和乐利的国家。

我们看,大部分作奸犯科、身陷囹圄者,都是违犯了五戒。譬如杀人、伤害、毁容,就是犯了杀生戒。贪污、侵占、抢劫,就是犯了偷盗戒。有伤风化、破坏家庭、重婚、强奸、拐骗,乃至贩卖人口,都是犯了邪淫戒。欺诈、恐吓、非法集资,就是犯了妄语戒。所谓饮酒戒,除了饮酒外,包括吸食鸦片烟、吗啡、摇头丸等毒品,让自己的精神变得恍恍惚惚,做出伤天害理的事,这是侵犯自己的智慧。如果人人能够受持五戒,牢狱里就没有犯人。如果一般信徒能将信仰升华,不要只停留在民间信仰的祭拜,祈求长寿、发财、家庭富贵、名位高显、身体健康等,而能受持五戒,不必强求也会有福报的。

何谓五戒十善?十善是五戒的再扩大。身业修持不杀生、不偷盗、不邪淫;口业修持不妄言、不两舌、不绮语、不恶口;意业修持不贪、不瞋、不邪见。以上即是十善。

所以,受持五戒,奉行十善,可以让我们免除烦恼、恐怖,获得身心的自由、平安、和谐、快乐,也是人间佛教的基本思想。

三、四无量心是人间的佛教

四无量心就是慈、悲、喜、舍。中国佛教为什么会衰微?因为佛教徒没有实践佛法。佛教要我们慈悲,但多少佛教徒有真正的慈悲?佛教要我们喜舍,多少佛教徒具有喜舍的性格?那是因为佛教徒心目中没有真正接受佛教。出世的也好，入世的也罢，如果没有佛法，与世俗又有什么不同呢？

有人说："家家弥陀佛，户户观世音。"每个人把家中最好的正厅用来供奉观世音菩萨，为什么？因为观世音有慈悲的功德。慈悲，才能走进每个人的家庭；慈悲，才能受到每个人的尊重；慈悲，才能真正降伏人心，让大家心悦诚服，恭敬供养。

佛教不知从何时开始，染上悲观的色彩。佛教徒开口闭口就是"人生苦短、无常……"其实，佛教有喜乐的性格，有欢喜的精神，所谓喜无量、悲无量，要把欢喜布满人间。讲苦，是让我们认识苦的实相，如何解脱苦恼，得到欢喜，才是佛陀说苦谛的真正用心，"苦"不是最终的目的。佛说诸行无常，无常很好，无常可以变幻，坏的可以变好；不幸的命运，因为无常，就会否极泰来，时来运转，另有生机；因为无常，所以命运不是定型的。我们要散布欢喜的种子，让举世之人都能得到佛法，让大家都在幸福美满欢喜中过日子。

有时候，物质上的生活丰富，经济成长繁荣，不一定能解决人的痛苦。金钱多、物质多，带给人的烦恼也很多。佛法的欢喜，是要我们从法喜、从禅悦、从真理中去体会内心的自在、内心的安乐。如果我们的信仰，只是建立在贪求上面，向菩萨、一切神明要求贪取，要平安，要富贵，要家庭美满，要长寿，中奖券……这种以贪婪为出发点的宗教层次，并不高尚。我们应该把信仰建立在"舍"的上面，信仰宗教是奉献的，是牺牲的，是利众的。人间佛教的利他性格，应该具有这种慈悲喜舍的精神；所以，慈悲喜舍四无量心，是人间佛教的主要内容。

四、六度四摄是人间的佛教

布施、爱语、利行、同事的四摄法；布施、持戒、忍辱、精进、禅定、般若的六度，都是人间的佛法。虽然西方国家不是佛教国家，但我感觉西方人比较有类似于人间佛教、大乘菩萨的性格与精神。

以布施来说，西方人肯布施，上教堂，或多或少都会乐意捐助。社会有什么事情，都会欢喜地尽一点心力。尤其见到人，会给你一个微笑，一声亲切的招呼"Hello！How are you?""你好！"这就是布施。一个笑容，是容貌的布施；一句问好，是语言的布施。他们把布施融会在生活里，随时都在实行布施。

持戒，戒律就是法律，西方人是很守法的。他们是法治的国家，但不一定在法院中讲法。在马路上遇到红灯，没有车子、警察，也不会随便穿越马路，只要一个"Stop"的记号，他就不会闯过去，总是停一下再通过。即使排队也是如此。

在一些观光景点，有时候参观的人太多，守卫来不及分配座位，就在路口用一条绳子围起来，指挥大家等候。不管是各国的国王、州吏，各州的州长、议员，这一条绳子一拉，个个都守法地站在那里。为什么？这条绳子就象征法律，不能逾越过去。法律的尊严、神圣，已和西方人士的生活、思想融合为一体，老百姓守法，国家自然是个法治的国家。

相反地，发展中的国家的某些人是什么情形呢？不要说一条绳子，就是一道墙，他都会想尽办法爬过去。所以，守法就是守戒，守法与否，关系一个国家的形象，也关系一个国家的进步、富强，我们应该建立人间佛教法制的观念。

谈到忍辱。忍,不是你骂我,我不回口;你打我,我不回手的忍一口气,这些都不是忍。忍,是担当,是能消除,是能化解;忍,是有力量的,也是一种积极、向上、牺牲,是一种忍辱负重。西方人工作的时候,难道不辛苦吗?他在忍受辛苦;排队依序不超越,这也要忍。所以彼此互相忍让,社会就能井然有序,不会有脱序的现象。

说起西方人的精进,如积极、奋发、努力,也是众所皆知。我们常说西方国家先进,那是由于西方人很勤劳,对工作认真,讲求效率,不偷懒、不苟且的敬业精神所致。佛教说精进,有所谓的四正勤——"未生善令生起,已生善令增长,已生恶令断除,未生恶令不生"。他们不断研究、突破,精益求精,因此西方国家大都成为强盛、进步的国家。

提到禅定,有时候我们在西方国家的街上看不到人,大人小孩都在家里。讲话时,以彼此能听到为主,不喧哗、不影响别人。坐火车,都是一副悠悠然不计较的样子,这就像禅定一般。

至于智慧,有人说西方人好笨,2元钱一个,跟他买6个,12元钱,他算不出来,要2元加2元加2元再加2元……其实他们并不笨,某些中国人虽然机巧,但机巧得过头,变成投机取巧。西方人笨拙、呆板,可是他不随便乱来,一就是一,二就是二。所以他们研究科技,能够发达精确,做任何事也很稳当。

说西方人的优点,并非我认为外国的月亮比中国圆,我只是慨叹:我们是推行大乘佛教,实践佛法的国家,为什么某些人那么悭吝、势利、自私、逃避,没有爱心,只顾自己?所以我们要提倡人间佛教,实践布施、利行、同事、爱语,这才是今天人间及社会所需要的佛教。五戒可以安定社会,六度可以建设国家,四无量心可以普利大众。

五、因缘果报是人间的佛教

我曾到台湾军队中布教,将官们提到军队中的一个问题,有些服役的青年认为:"我去年入伍当兵,他也是去年当兵,为什么他升任班长,我还是小兵?"心里总是不平衡。为什么两人种的是同样的因,同时入伍,结果却不一样?

佛教讲"因缘果报",其中"缘"的因素很重要。缘不同,产生出来的果,就不一样。例如这朵花,多浇一点水,多下一点肥料,播种的地方肥沃,有和风吹拂、阳光照耀、雨水滋润,这朵花和那朵花,就会不同。虽然同是一朵花,结果不一样,是因为"缘"的不同。

凡人常怨恨命运,埋怨世间不公平,挑剔家里的成员这个不好,朋友那个不好,社会不好,国家不公,为什么不研究自己的因缘,究竟哪里出了毛病?譬如,本来要升班长的,就因为说错一句话,升迁的机会就失去了;本来竞争对手的条件并没有比较好,可是在要紧的时候,他立了一个汗马功劳,担负一个重大责任,说了一句好话,他的缘分增加,就做了班长。

因此,在佛教讲求广结善缘,所谓"要成佛道,先结人缘",要重视这个缘。日常生活当思一粥一饭,有多少的因缘成就,要感谢因缘,感谢大众给我机会,感谢大众给我方便,这一切都要感谢的。

我们住在家里,早上开门,报纸就送来;晚上打开电视,多少演艺人员在表演。如果没有报纸看,晚上也没有电视看,那种生活将有多枯燥、无聊?因缘,使散居世界各地的大家和合,他们的辛苦,他们的服务奉献,让我们能够过着美好的生活,这是因缘的价值。别人跟我结缘,我应该如何回馈呢?要处处感恩,懂得感恩,才能享受富足的人生。

因果实在不可思议,然而我们却看到许多社会人士不了解因果。念佛的人,诸事不顺心时,就怪阿弥陀佛不保佑他,让他的钱被骗,企业倒闭,或买股票没赚钱,也怪阿弥陀佛不灵验;吃素,身体越来越不好,怪阿弥陀佛不慈悲。信佛吃素和发财致富、强身长寿有什么必然的因果关系?念佛拜佛,持斋吃素,是信仰上的因果,道德上的因果;发大财得富贵,是经济上的因果;身体要健康,长命百岁,有健康上的因果,如需要运动,正常的保健。因果是不能错乱的,种的是瓜,如何得豆呢?怎么可以把一切责任都推给信仰的阿弥陀佛?这都是错乱因果,不能正确地认识因果。

《那先比丘经》中记载:有个过路人,偷邻家果园树上的果子吃。

主人说:"你怎么吃我的果子呢?"

路人说:"这怎么是你的?它是树上的。"

主人说:"这是我种的呀!"

路人说:"你种的果子是埋在土里的,我吃的果子是长在树上的。"

树上跟土里没有关系吗?这因果是不能斩断的,因遇到缘就会产生果。"菩萨畏因,众生畏果",菩萨知道因,不会随便乱做,众生不惧因而乱来,终致锒铛入狱,其结果是可怕的。

佛陀在世时,和我们常人一样,也有老病死生的现象,在因缘里,都不出因果的范围,这是很伟大的思想。因为在因果之前人人平等,谁也逃不了因果业报。"人善人欺天不欺,人恶人怕天不怕。"天是什么?天在佛教中就是因果,因果是非常公道的。现今我们提倡人间佛教,应该大力倡导因果观念,因果是非常科学、理智,人人有了因果的观念,就不需要警察、法院。因果是自己的警察、导师,因果是自己的法律准则。

过去在我的故乡江苏省扬州市的乡村,几十里内没有警察,几百里内没有法院,人民不犯罪,也很少有什么凶杀案。如果我对不起你,你对不起我,不要争不要吵,一起到土地庙、城隍庙,烧个香、发个誓,就能化解纠纷;他们觉得这个方法很公平。为什么?因为因果会给我一个交代。现在有所谓的"自力救济",没有办法自力救济,投诉无门的时候,心里还有一个值得安慰的因果;因果不会欺骗我们,因为"善恶到头终有报,只争来早与来迟"。

六、禅净中道是人间的佛教

佛学的内容浩瀚无垠,宗派也林立繁多,不管禅宗、净土,或中观的空、中道,都是人间的佛教。

讲到禅,历代的祖师们参禅都不求成佛,只求开悟,只求明心见性。他们在人间悟道以后,当下的生活能够解脱、能够安住身心,获得现在身心的自在,所以禅者是最有人间性。

净土行者希望求往生净土,也是要现世念佛,念佛功夫不够,是无法往生的。除了以现实的世界作为立足点,老实念佛、修持,别无捷径。尤其对现在家庭,对忙乱的社会人生,净土是安定我们身心的良方。能够禅净双修,更能契合人间的佛教思想。

中道的思想,就是空有融和的智慧,可以直接契入世间实相。

有了中道的般若智慧,就能在现世生活中幸福快乐。有些人太重视物质的生活,流于世俗狂热的追逐,容易忘失自己。有些人则远离人间,到深山里一个人独处,如枯木死灰,冷冰冰的,对世间生死疾苦,不予关怀。人生太过热烘烘或太过冷冰冰都不好,缺乏中道的圆融。

所谓中道,是中观的般若智慧,有了这种智慧,遇到事情,就懂得事待理成,懂得把握其中的原则。遇到一切果,知道果从因生,种什么因就会结什么果,不会随便怨天尤人,会去追查原因。"有"的现象,是由于"空"理,"不空"就什么都没有了。没有虚空,宇宙万有如何建设?"空"中才能生妙"有"。所以,人间佛教是过着有物质也有精神的生活,物质、精神的生活是同等的重要。有向心外追求的,也有心内的世界;有前面的世界,也有回头的世界。不是盲从,一味往前冲;冲得头破血流时,要懂得回头是岸。人间佛教有拥有的生活,也有空无的生活;有群居的生活,也有独处的生活。把世间所有的一切都调和起来,使人间成为最美好的生活。

我所提倡的人间佛教,正如我为佛光山所订立的工作信条:"给人信心,给人欢喜,给人希望,给人方便。"肯给人的,肯服务的,肯助人一臂之力,肯跟人结缘,肯给人欢喜的,那就是佛的教示,是佛在人间所给我们的教导。佛光山提倡人间佛教,就是要让佛教落实在人间,落实在我们生活中,落实在我们每个人的心灵上。佛在哪里?在我的心里。净土在哪里?在我的心里。眼睛一闭,宇宙三千大千世界,都在我这里。纵使天下的人都舍我而去,但佛祖在我心中,没有离开我。

在今天的社会里,每个人的负担都相当沉重,家庭、事业、亲人的种种责任,紧紧地压迫着我们。假如我们拥有了人间佛教,就能拥有整个宇宙大地,如无门慧开禅师说的:"春有百花秋有月,夏有凉风冬有雪;若无闲事挂心头,便是人间好时节。"所谓"心中有事世间小,心中无事一床宽",能够拥有心内的世界,不一定要求心外世界的广大。如果能扩大心内的世界,则人间所有一切众生、所有一切世界,都离开不了我们的心。以众为我,心、佛、众生,等无差别时,才是真正幸福圆满的人生,也才是人间佛教的真正精神所在。

人间佛教的建设

真正的人间佛教是,
现实重于玄谈、大众重于个人、
社会重于山林、利他重于自利。

　　佛教教主佛陀在 2500 多年前,降诞在印度的迦毗罗卫国。他是一位真实修行的圣者,并不是来无影、去无踪的神仙,也不是异教徒心目中的上帝。佛陀是出生在人间,修行在人间,成道在人间,他是我们人间的佛陀,人间的救主。因此,我们的佛教是人间的佛教。

　　但是,今日佛教的某些趋势已经违背佛陀的本旨。例如研究学问的人,只重视佛学的玄谈,不注重实际的修证;有些人以为佛教只是形式上的吃素祭拜,对于人格道德的增进及日常生活的问题并不重视,缺少对人世间的责任感;有的人一信佛教,就忙着自己修行,不是在山林里闭关自修,就是在精舍中不问世事,完全失去对社会大众的关怀。

　　真正的人间佛教是现实重于玄谈、大众重于个人、社会重于山林、利他重于自利。我们接受佛教的信仰,并不是把佛教当成保险公司，祈求佛陀像神明一样廉价地给予我们保佑。所谓人间的佛教，是希望用佛陀的开示教化，作为改善我们人生的准绳，用佛法来净化我们的思想，让佛法作为我们生活的依据，使我们过得更有意义，更有价值。

关于"如何建设人间佛教"，我提供六点参考。

一、建设生活乐趣的人间佛教

我们信仰佛教，是要追求幸福快乐，并不是寻找痛苦的。可是，当我们开始学佛，便常听到"苦空无常"的口头语，让人觉得生命里一片愁云惨雾，误以为佛教里毫无乐趣可言。其实，任何人信仰佛教，都不会把"受苦"当作目的，没有人不喜欢快乐幸福。关于这一点，我们必须有几项认识：

（一）苦是增上缘，不是真目的

人间有很多"苦"，佛经提到苦有二苦、三苦、四苦，乃至八苦、无量苦等等。例如身体上有老病死的苦，心理上有贪瞋痴的苦，自然界有水火风灾的苦，家庭和社会上有眷属别离、怨憎相会、欺凌压迫、刀兵战乱的苦等。我们要接受这许多苦的挑战，经得起它的磨炼，超越它，并且把它当作修道的增上缘。《楞严经》说："圣性无不通，顺逆皆方便。"能以苦自励的人，便是能利用"苦"作为逆增上缘的人。

有的人以为信佛教一定要吃苦，虽有好的衣服可以穿，却要穿得破烂；虽有好的东西可吃，却要吃坏的东西，表示这才是修行。其实，佛教是要我们克服苦难烦恼，并不是要我们自找苦吃，自我束缚。

(二) 人间有欲乐,世人所需求

我们既然不要苦,是不是就要求乐呢?人间有五欲的快乐,是一般人所祈求的,我们究竟应不应该有五欲的快乐?

在佛教里,声闻、缘觉的小乘讲究离欲,人乘的佛教讲究节欲,大乘菩萨不是离欲,也不是节欲,而是对财、色、名、食、睡等五欲,加以化导,叫做化欲。

《胜鬘经》中提到,胜鬘夫人是一位王后,但她奉行大乘佛道,除了相夫教子,做了许多佛化的救济事业,例如开办星期学校教育儿童等;《维摩经》中的维摩居士,是一位在家菩萨,经中形容他"虽处居家,不着三界;示有妻子,常修梵行"。他有妻子儿女、田园舍宅、官位财势,但这一切,如同片云点虚空,不会使他心有罣碍,不会妨碍他的修行。

人生的欲望很多,大体而言,有对财物的要求、身体美貌健壮的期望、家庭与亲族朋友的相处,以及情感的如意等,这些欲望到底是好还是不好?哪一个人不希望资财圆满如期所愿?哪一个人不希望自己长得美貌健康?佛教并不反对这一类善的欲望,人间佛教也承认这种欲乐,只是这种欲乐会迁流、变化,并不是最彻底、究竟,不是佛法中真正的快乐。佛法所提倡的生活乐趣是法乐,而不是欲乐。

(三) 我有妙法乐,不欲世法乐

一般人享受的快乐,大都由感官得来:用眼睛看电影、看电视,觉得很好看；嘴里吃着山珍海味，大快朵颐，不亦乐乎；耳里听好的音乐，男女谈情说爱，心意愉悦……然而，用眼睛获得的快乐是非常短暂的，因为看到的东西转眼成云烟，用耳朵听得的快乐容易消失，有时候甚至乐极生悲。唯有不是从感官得来，而是向内心追求的快乐，才是最究竟的快乐。

有些人觉得出家人很可怜，鱼不能吃，肉也不能吃，男又不娶，女也不嫁。但是，出家人并不以此为苦，也不执迷，因为他有佛法的快乐，这种快乐是来自内心的，是最究竟的。

我童年即出家，出家之后，常常听到这句话："年纪轻轻的就出家，真可惜！"我自己却想："真是太有福报了，幸好我出家了！"因为我在佛法里获得快乐。

当然，这种快乐在家学佛的人也一样可以得到。只要我们有信仰，虽然只是粗茶淡饭，但由于心中有佛菩萨等圣贤做榜样，便能安贫乐道，不虞匮乏。如果没有信仰，精神上无所寄托，财产再多，名位再高，还是会感到不满足、不快乐。真正有修行的人，他眼睛一闭，腿子一盘，所谓天堂、极乐世界当下现前，那就是佛法的快乐。

除了物质、感情的快乐，再增加佛法的乐趣后，一天有24小时，一年有365天，每一天每一秒，都会生活在佛法的快乐之中。

二、建设财富丰足的人间佛教

在佛教界，一向不喜欢谈金钱、谈财富。提到某某人很富有，有人就会现出不屑一顾的样子，或者看到某一个人欢喜金钱，或欢喜赚钱，就鄙视他。其实，有钱并不是罪过。

(一) 黄金非毒蛇，净财作道粮

佛经中常把黄金比作毒蛇，黄金有时是毒蛇，有时却是办道的资粮。钱财本来是中性的，变好、变坏全看人用之有道或无道。如果是分内的钱，是正当手段得来的，就是净财，这种钱财多了有什么不好呢？净财可以作为求道与弘法利生的资粮，修行办道、布施救济，全都需要钱财来作助缘。

如果有一位年轻人，发愿深入经藏、穷研佛学，但是他买不起一部新台币4～5万元的《大藏经》，怎么办？所以，读书也需要金钱来作助缘。至于其他社会事业，就更不用说了。

佛教徒并非不可以发财。一个佛教徒，在社会上或家庭里，应该是钱财越多越好，重要的是，有了钱要会用钱。很多有钱人，一生一世做个守财奴，不能善用金钱，死后带不走，还让子女为此引起纠纷。所以我主张佛教徒大家发财，但是不只注意"君子爱财，取之有道"，而且要"用之有道"。

(二) 外财固然好，内财更微妙

身外之财固然需要，心内之财更庄严，而且心灵的财富比世间的金钱更好。身外之财，我们不容易有，例如想到市中心买一块30多平方米地，需要100万元，钱从哪里来？可见心外求财是不容易的。但是向心内求财就容易得多。心内的财富在哪里？只要有般若智慧，心眼开了就有了。譬如我们欣赏天上高悬的月亮，好圆好明好美；满天的星斗、银河，遍满整个天空，谁与我们争呢？假如我们懂得欣赏太阳、高山、大海、树木、花草、飞鸟，可以感觉花是为我们开，鸟为我们叫，平坦的柏油路都是为我们而铺的，宇宙之大，这一切都属于我们,又何止是市区的那一块小土地?所以,真正的财富,在自己的心中,心里若知足,宇宙三千都是我们的;如果不满足,一味地贪财好利,拥有再多也还是觉得不够。

(三) 求财要有道,莫取非分财

我们不要非分的金银财宝,什么是非分之财呢?下列七点就是非分之财:

1. 窃取财物:别人东西,私下拿用。
2. 抵赖债务:欠人之钱,硬要赖账。
3. 挪用寄存:寄存之物,从中挪用。
4. 吞没共财:共同经营,非法多得。
5. 因便侵占:趁机得利,侵占存用。
6. 借势苟得:滥用权势,获得钱财。
7. 经营非法:私造毒品,不合法规。

《阿弥陀经》中提到西方极乐世界的建筑美轮美奂、富丽堂皇,地下是黄金铺地,栏杆、雕梁都是七宝所成,谁说佛教不重视富有呢?佛教希望人人有钱,但不能是非法的财富。而且有了外财,更须有心内的财富。

三、建设慈悲道德的人间佛教

怎样才能达到慈悲道德的标准呢?

(一) 自他和社会,普济重利人

所谓慈悲道德,主要是讲人与人之间怎样保持和谐?有时候,别人批评我们，讨厌我们，我们必须自我检讨，自我觉悟到可能是在慈悲道德上有了缺陷。因此，要发奋图强，自尊自重，时时刻刻想到不可得罪别人，不可侵犯别人，同时也重视社会大众的舆论，行其所当行，造福社会大众，这就是慈悲道德的表现。

我们对于自己、他人、社会，都要用慈悲道德去增上，这是建设人间佛教不可以缺少的条件。有人说慈悲有什么好？道德有什么用？有慈悲道德的人大半是被人欺负的对象，因而对慈悲道德发生怀疑、对人生态度产生动摇。事实上，只要有为人奉献的决心，最后胜利的仍是有慈悲心和有道德力的人。

（二）五戒应受持，人成即佛成

佛教的五戒是做人的基本道德，所谓五戒是：

1. 不杀生——不侵犯别人生命。
2. 不偷盗——不侵犯别人财富。
3. 不邪淫——不妨害社会风化。
4. 不妄语——不侵犯他人尊严。
5. 不饮酒——不饮用烟酒乱性。

五戒主要告诉我们应遵守道德，不能侵犯别人。不乱杀，就是不伤害他人的生命，不侵犯众生的生存；不偷盗，就是不侵犯别人的财富，不损失别人的所得；不邪淫，就是不妨害家庭的和谐，不侵犯别人的名节；不妄语，就是不假造颠倒的语言，不发表损人的谈话；不饮酒，就是不贪嗜刺激的食品，不食用迷智的烟酒。监狱里的犯人，大都犯了五戒，如杀人、伤害、杖打、投毒等，是犯了杀生戒；抢劫、窃盗、恐吓、欺诈、侵占、贪污等，是犯了偷盗戒；破坏家庭、有伤风化、重婚、强奸等,是犯了邪淫戒;欺诈、教唆、诬告、损害名誉、造谣惑众等,是犯了妄语戒;吸卖鸦片、注射吗啡、私造烟酒等,是犯了饮酒戒。

因此,佛教把五戒制定为人间的基本道德,唯有每一个人、每一家庭、每一个社会,都能共守五戒,人间才有祥和之气,才能上慈下孝,和平相处,一个人五戒守得好,就表示人格完美,佛道也可成。

(三)人天三福行,善德堪尊敬

我们建设人间的慈悲道德,对人间的福德善行,尤其要遵守修持。若要升官做富贵人,须奉行三件事情:1. 布施;2. 持戒;3. 禅定。布施可以增加我们的富贵,持戒可以增加人格的尊严,禅定可以安定我们动乱的身心,我们若能奉行布施、持戒、禅定三福行,就能与人间佛教相应。

四、建设眷属和敬的人间佛教

每一个人生活在人间,都不会离群孤立,每人都有他的亲戚眷属。有些人很重视家庭的眷属,但有时也因眷属而产生一些龃龉摩擦。俗语说"不是冤家不聚头",就是家里的夫妻、父子、母女那么亲的眷属,有时候也会变成冤家,甚至被认为是修学佛法的障道因缘。因此,有些在家居士,以为像出家人一样,疏远亲戚朋友,才算是皈依学佛。

其实,学佛并不需要离开亲戚朋友。我们生活在人间,亲戚眷属之间若能彼此互相尊敬,和平相处,成为感情融洽的法侣道友,那真是人生一大乐事。

（一）眷属因缘好，相处在和敬

眷属相处，不能相亲相爱，反而成为仇敌，视为冤家对头，原因何在？人和人相处，难免有一点利害关系，难免会发生一些误会，如果彼此太计较，就不能和敬相处了。甚至有的人喜欢算旧账，常常记着仇恨，好事不记得，坏事记一堆，怎么能和敬呢？

我国圣贤有句话说"敬人者人恒敬之，爱人者人恒爱之"；又说"家和万事兴"。眷属之间珍惜因缘，能彼此和谐，彼此尊敬，不算旧账，不要计较、比较，这是眷属和敬相处的必备条件。

（二）自由应尊重，利害要看轻

法国罗兰夫人说："不自由，毋宁死。"翻阅历史上的暴政，多少百姓不惜自身性命，此起彼落地反抗，就是为了争取生存的自由。1964年，越南教难，多少高僧大德，有的以火自焚，为教殉道；有的自残身体，为教牺牲，只为了争取信仰的自由。

无论哪一个地区，哪一个行业，哪一个团体，哪一个家庭，甚至哪一个人，都需要自由；每一个人，思想不一样，习惯不一样，需要也不一样，这许多人相处在一起，即使是家庭中的眷属，也无法使大家的思想习惯相同。思想不同，最好的办法是彼此互相尊敬，互相包容，如此才能互相存在，相安无事。

唯有尊重他人的自由，彼此相处才能和谐。有的父母，只有一个儿子，对儿子的婚事便极力干涉，儿子有了对象，却不允许儿子与对方交往，或者只有一个女儿，硬是不允许女儿嫁给她心目中的对象。像这样的父母，太过管制儿女的婚姻，往往产生反效果。

有时候，身为父母者看到年轻儿女们，不能与自己一样信仰佛教,反而信仰基督教,便想尽种种办法要扭转儿女的信仰。当然,家庭成员能有相同的信仰固然很好,但是,如果没有善巧方便,徒使家庭里的分子,因为信仰而感情破裂,这是划不来的。家庭中的眷属,年龄有差距、思想有不同,连习惯也不一样,重要的是彼此相互尊敬,和谐相处,不可以太自我;把握这个原则,自然会有好效果。

(三) 若要人赞美,多付苦与辛

我们如果想赢得别人的赞美,自己就要多付出一点辛苦与牺牲。所谓"天下没有白吃的午餐",没有流汗,不会有成果,没有成果,又怎能获得别人真正的肯定呢?有一句成语说"实至名归",这句话很有道理,未经付出辛苦牺牲而获得的赞美,叫做谄媚阿谀,并不是真正的赞美。

五、建设大乘普济的人间佛教

家庭幸福和睦了,要进一步把慈悲法喜普施给社会大众,大乘佛教重视在家的学佛,在家的信徒更应本着大乘菩萨的大慈大悲、大智大勇的精神,从事普济社会大众的事业。

佛陀的弟子中,有一位须达尊者,他皈依佛陀以后发愿:"从今日起,凡是过路行商,吃饭、茶水,我都愿意供养;从今以后,所有的比丘、比丘尼、信佛的男女居士,只要经过我的家门,要求吃用,我决不拒绝;如果有老人孤苦无依,有孤童幼儿没有父母,只要让我知道,一定帮助他们解决生活的困难。"须达长者因照应许多孤独无依的人,而被尊称为"给孤独长者"。

这就是大乘菩萨的精神,是大乘普济精神的最高典范,是对社会实行普济的慈悲。

(一) 应有仁爱心,要发菩提愿

台湾的谢东闵生前曾提倡小康计划,推动仁爱运动。我们虽然是出家人,为实行大乘普济的人间佛教,"中国佛教研究院"的师生也以行脚托钵方式,响应仁爱计划,并将所得款项全部送给政府当局,转发给贫穷百姓。

托钵时,发生许多温馨感人的事。有送报的先生看到庄严威仪的托钵行列,拿了50元便朝钵里一放;也有路边卖青菜的小贩,欢喜布施100元……我心里非常感动,心想:像他们送报纸、卖青菜,奔波劳累,要送多少报纸才有50元的所得,要卖多少青菜才有100元的收入呢?他们却仍然愿意布施。甚至有些人的生活应该是被救济,却愿意拿100元、50元救济别人。

因此,我体会一个道理,"富人"之名,不是由所拥有的金钱多寡而决定,一个人即使没有多少钱,只要他肯布施给人,他就是富有者;反之,虽然很有钱,却不肯普济于人,则与穷人无异。

推行人间佛教,不一定希望人人有财有势,主要是必须心里富有,有仁爱的心,能发菩提大愿。

(二) 乐结众生缘,喜做佛法事

所谓"未成佛道,先结人缘"。在佛教里,强调结缘的重要。有的人做事四处碰壁,无法进行,有的人却能顺利无碍,到处受人欢迎,这就是从结缘中得来。

每一位佛弟子，应该重视结缘。用眼睛看人，行个注目礼，是以眼睛结缘；认真听人讲话，给人欢喜，是以耳朵结缘；赞美别人、口说好话、转述听到的真理，是以口与人结缘；甚至走路时，先让别人一步、礼让座位给老弱妇孺，这都是结缘，都是奉行佛陀的大乘普济精神。如果人人皆能实行，社会就能成为大乘菩萨的社会。

要多结法缘，必须多做佛事，而且方法要适当。常听到有些人为了兴建塔、寺，硬性规定他人出多少金钱。这种化缘方法不甚妥当，但有时回头想一想，虽然是勉强要别人出钱，也是让他有机会布施结缘，结了缘，等于播下种子，什么时候收成，是意想不到的。如同经典譬喻，尼拘律树的种子只是小小一粒，可是当播种长大后，结实累累，其收成是难以计算的。

（三）愿代众生苦，普济一切众

《华严经》说："但愿众生得离苦，不为自己求安乐。"为别人的快乐打算，使别人快乐，自己怎会不快乐呢？

有时候，我们走进寺院，看到许多人过度强调"眼观鼻，鼻观心"的修行，令人觉得现在人的冷漠，笑容少，一点也不亲切热情。佛经云："面上无瞋是供养，口里无瞋出妙香。"每一个人脸上常带微笑便是供养，口中说几句好话便是出妙香，大家能多做一些事情，就是给人信心，多走几步路为人服务，就是给人方便，多给人点个头招呼，就是给人欢喜，多把自己的所有奉献给人，就是给人希望，那么当下就是佛国净土。

六、建设佛国净土的人间佛教

很多佛教徒都希望往生极乐世界,与其寄望未来,不如积极地把眼前的世界转变为佛国净土。

(一) 没有三恶道,更无冤和亲

我们要建设人间佛国净土,必须先做到没有地狱、饿鬼、畜生三恶道。地狱道的众生多贪,饿鬼道的众生多瞋,畜生道的众生多痴。如果要让三恶道完全消失,就得把人间的贪瞋痴祛除。与人交往,不要结怨,也不可以太亲密,太过亲密容易产生执着,招惹许多麻烦。所谓"以智化情",我们可以用智慧将怨亲爱恨化除、升华,并本着佛陀"无缘大慈,同体大悲"的精神,以平等心建设人间佛国净土。

(二) 世界满欢乐,忧烦一切除

凡是能给予社会大众欢乐,能减少大众忧心烦恼的事,我们都应该全力以赴,用佛法增加人间的欢喜,用布施增加人间的福利,用劳力服务大众,用智慧贡献大众。如果什么都没有,至少有一颗心可以和大家共同欢喜。

世间最可悲的,就是不欢喜别人获得利益,一般人看到别人有钱、有办法,就不高兴,这种不健康的心理,使得世间不能成为佛国净土。

(三) 心净国土净,大同世界现

假使我们想把整个世界净化,却觉得自己能力不够,不妨降低标准,先使自己的家庭和谐安乐;如果这种力量也没有,那么自己还有一颗心,就先庄严自己,净化自己。"自净其意,是诸佛教",所谓"心净国土净",人人都能这样,大同世界就会呈现在我们的面前。

1977年4月讲于台南育乐活动中心

佛教现代化

所谓佛教现代化,目的是将佛教慈悲、容忍的精神,提供给社会作为参考,希望社会遵循着佛教的平等法、因缘法、因果法等原则原理,而臻于至善至美的境地。

假如有人曾到佛光山,看到佛光山各方面的设备,不知道有什么感想?或许有人会觉得佛光山和其他的寺院不一样,充满现代化的气息,佛光山的一切都很现代化。将佛教推向现代的新纪元,是我们历年来努力的方向。虽然佛光山的宗旨、目标,不一定皆能为社会大众所体会,但还是要把佛教的真理,广大地传播给社会,让现代的人们欣然接受;佛教走上现代化,是一条必然的途径。

佛教从印度本土传到中国,长期受到中国政治、民俗等影响,产生有别于印度的中国佛教。在印度,僧团为引导社会道德归趣、超越国家权力的出世间团体;在中国,在专制君主体制之下,一切都附属于政治而存在,佛教也无法幸免。君主的施政方针,往往决定佛教的兴衰与否,有名的三武一宗法难,即是印证。尤其到了明朝,佛教由于当政者的政策,遂走上了远离社会人群,封闭自守的局面。

明朝开国皇帝朱元璋,年轻时曾经当过沙弥,了解佛教四姓皆摄的包容性,容易为社会大众所接受,是一股不可轻视的力量。当时由于一些不法分子假借宗教为谋叛的温床,因此明太祖即位后,即对一切的宗教,特别是佛教,采取软硬兼施的政策,以分散其对社会的影响力量。他要求全国的出家人,到山林中修行,使得佛教脱离社会,无法和群众接触,成为少数人修心养性的安养所。因此,佛教由隋唐时代积极投入社会、救度人们痛苦的盛世,没落至关闭山门、保守退避的山林佛教。余波所及,影响至现代,佛教度化群机的功能无法发挥,成为社会人士嗤之以鼻的对象。

民国以来,经过新佛教领袖太虚大师的极力提倡,推行八宗兼弘的人生佛教,一些年轻的僧侣,受到大师的影响,对未来佛教应何去何从的方向,有了新的体认,而喊出"打开山门,走进社会"、"佛教要下山去"、"佛教要大众化、通俗化、文艺化"等口号。

本来佛教即是以人为本的宗教,佛教是五乘共有的真理,不光是出家人特有的修行准则,而是七众弟子共有的人生指南。佛教应该普遍化于每个家庭,佛教应该为每个人所接受。过去的大德,为了达到此理想,有禅宗提倡化禅机于耕作之中的农禅生活;净土宗更是大事传播三根普被的净土思想,忙人、闲人都可修念佛法门。更有一些受过现代教育的人,主张以现代语文诠释大藏经,以现代的印刷方式流通佛教的经典,使佛陀高深的教义,能够普遍地为一般百姓所了解。

综观民国以来所提倡的"佛教现代化"运动,今日究竟完成了多少?佛教是否真正现代化了?我们以为尚嫌不足。佛陀以一大事因缘降生于世,所谓一大事因缘即示教利喜,也就是开示众生以言教,给与众生以欢喜。基于此原则,佛法一定要适合现代人的需要,让众生欢喜,自然地接受,才是佛陀示教的真正本怀。

民国以来所提倡的"佛教现代化"运动,并不是标新立异,也不是哗众取宠。现代化的佛教,乃是本着佛陀慈悲为怀,普化众生的心愿,本着历代祖师,尤其是太虚大师的主张,推行落实,我们只不过稍尽一点绵薄之力罢了。

根据印度出土的遗迹,佛陀在世所住的精舍,不管在卫生、通风等设备,都相当的进步,达到当时的"现代化"。佛教要因应每一个时代的需要,以最巧妙的方便,将佛陀慈悲的精神,普示于社会,也就是要"现代化"于每一个时代,因此,我们提倡佛教现代化,并不是创新,而是复古,把过去诸佛、大德的教化,以现代人熟悉、乐意接受的方式,揭橥于大众。

关于"佛教现代化"的问题,提出以下数点供参考。

一、什么是佛教的现代化

既然佛教要现代化,那么现代化的佛教,应具备哪些原则呢?

(一)现代化的佛教是合理的,不是邪见的

佛教之所以异于其他宗教,是因为佛教不仅富有信仰、戒律、礼仪等实践行门,更有合理性、客观性的思想理论作为实践的根据。佛教的根本教理——原始佛教的三法印、缘起说,大乘佛教的般若空,不仅合乎佛教的道理,并且合乎人间的道理,不管任何时代、任何地域的人类社会都能适用,而且随着科学文明的进步,更加能证明其合理性。

所谓"三法印"就是"诸行无常"、"诸法无我"、"涅槃寂静"。根据佛教的看法,世间上没有一样东西是固定不变的,人体细胞每日的新陈代谢作用,由少年、青年、壮年而老化的人生过程;物理现象界宇宙星球的不断运转,山河大地沧海变桑田的瞬息变化,都说明"诸行无常"颠扑不破的真实性。因此人间的富贵、快乐固然无常,世上的苦难、灾厄也是无常。我们快乐的时候,要居安思危,未雨绸缪;处境困苦的时候,只要努力奋发,一定能改变困境,获得快乐。"诸行无常"不仅仅是消极地由好的情况变成坏的情况,或由坏的情况变成好的情况,"诸行无常"更具有精进向上的积极意义。

自有人类文化以来,生命起源一直困扰着无数的思想家、哲学家。有的主张宇宙的一切是神创造的,譬如天主教的上帝,印度婆罗门教的梵天、伊斯兰教的安拉等,都将宇宙的来源归诸于神格化的第一因。有的则主张一切是命运安排好的;有的以为是无因无缘、偶然机会的凑合;有的则认为一切现象是物质元素的结合。

佛陀为了破除这些邪见,提出"诸法无我"的独特见解,揭示出因缘生灭的法则。所谓"诸法无我"是宇宙万象没有固定性的自我、本体,一切现象只不过因缘和合而成。因缘条件不具备了,就消灭分散。如果能明了"诸法无我"的道理,就个人而言,对于世间的一切就不会起贪着心,提得起、放得下,自在快乐。就社会而言,如果人人都能体认"无我"的妙意,就没有自我中心的思想,不坚持己见,处处为他人着想,成全别人,社会必定和乐安详。因此无我可以去除小我、私我,小我去除了,大我才能显现出来;私我空无了,涅槃寂静的真我才能呈露出来。

世间的事物,如果合乎三法印、空的道理,就是佛法,否则就是邪见,这是佛教现代化的第一条原则。

(二)现代化的佛教是实有的,不是玄想的

真理除了具有普遍性、必然性,真理更具有信实性。譬如前面所叙述"诸行无常"的道理,就是最好的印证。佛教说无常,凡是有生命的东西,必定会死亡;聚合的东西,必定会败坏,因此说有生必有灭,有成必有坏。无常的道理,普遍适用于一切现象,并且必然如此演变,是千古不移的真理。

有的宗教为了显示其奇特,对于其教主之描写,极尽灵异之能事,譬如基督教的耶稣为童女马利亚受胎所生,有的甚至假托信史以外的人物为创教者。我们从创立佛教的教主——释迦牟尼佛的生平事迹,可以明了佛教是个重视实在,不尚玄想的宗教。根据印度历史的记载,佛陀为印度释迦族的王子,为父母所生的血肉之躯,不是呼风唤雨、凭空捏造的神仙。佛陀的成道过程、教化事迹,也实实在在、有凭有据记录于史书之上,而不是虚无缥缈、神奇怪异的故事。

佛陀本身对于弟子的教导,也着重于人生问题的解决,凡是和了脱痛苦、成就慧命没有关系的形而上学,都为佛陀所呵斥。在《箭喻经》里记载,有一位长老的孩子,请教佛陀有关世界有边无边、灵魂存在不存在等本体的问题,佛陀引用毒箭为譬喻,避而不答,此即有名的"十四难不答"。佛陀所关心的是如何拔去众生身上的烦恼毒箭,而不是有关毒箭的种类、制造方法等,和生命没有相干、玄之又玄的问题。

佛教三藏十二部经典中,充满高妙的道理,八万四千个法门,都是针对众生的毛病而开出的药方。佛教虽然有深奥的哲理,但是更注重实践,纯粹哲学理论的探讨,并不是佛教所推崇的,这也是在哲学思辨上,将佛教的教理发挥至极点的部派佛教之所以被视为小乘的原因。佛教不以谈玄说妙的文字游戏为满足,佛教真正的目标在于解决众生的疾苦。因此现代的佛教应是实实在在以解决人生问题为主旨、以人文主义为本位的宗教,而不是虚幻不实的玄思清谈。

(三) 现代化的佛教是现世的,不是未来的

在一般人的观念里,总认为当现实生活中失败、走投无路的时候,才会以宗教信仰为精神归宿。许多宗教,总是教人把希望寄托于渺不可知的未来,因此宗教遂被一些自鸣为受过现代科学新知洗礼的知识分子,斥之为不能解决现时病痛,只是暂时麻醉神经的鸦片。其实宗教真正的目的,并不是叫人逃避现实,躲入未来世界的象牙塔里,而是勇敢地面对当前的痛苦,并且找出离苦得乐的方法。宗教对于未来虽然有美丽蓝图,但是更注重现在世界的开发、完成,像佛教就是典型的例子。

佛教讲时间,虽然说有过去、现在、未来三世,但是着重于现在;佛教讲空间,此世界、他世界、无量十方诸世界,但是着力于此世界的净化;佛教讲有情,有人类、地狱、饿鬼、畜生,乃至十法界无量众生,但是重视以人为本的佛法、以人为本的解脱。因为现在的问题如果没有办法解决,更遑论无量阿僧祇劫的未来;我们所居住的娑婆秽土都无法净化,如何去庄严其他的国土?此世界的众生都无法教化,如何去济度无量的众生?因此现代化的佛教,虽然说三世、十方、无量众生,但是更重视此时、此地、此人。

佛教的重视现世,可由有名的《三世因果偈》看出端倪:"欲知前世因,今生受者是;欲知来世果,今生作者是。"佛教认为人生的祸福苦乐不是前世注定、无法改变的;佛教主张人类造下什么业因,将来一定要对自己的行为付出责任,受到相等的果报。佛教有别于机械的因果命定论,也不同于拨无因果的享乐主义者,而提倡不常不断的中道思想。根据佛教的教义,过去我们所做的一切,虽然已经无法挽回,但是我们如果能够把握每一刻真实的现在,努力开垦自己生命的园地,未来的世界仍然是美丽灿烂的。

所谓"往者不可谏,来者犹可追",我们对于既成的过去,不需要再无谓地伤感懊恼,对于未来也不必过分地憧憬幻想,重要的是笃实地活在每一刻的现在里,把现在的身心安顿得恰当,使它不出问题,就是善于对待自己的调御师了。因此现代化的佛教,虽然说过去、现在、未来,但是更重视现世的完成;仙邦帝乡虽然逍遥惬意,但是比不上双脚踩在大地上的落实。

(四) 现代化的佛教是正信的,不是迷信的

谈到宗教信仰,随着民智的开发,而有种种的层次。在过去知识未开的时代,人们对于自然界的刮风、下雨、打雷、闪电等现象无比敬畏,因为这些现象会危及生命财产,所以雷公、雷母、风伯、雨姐都成了膜拜的对象,乃至大树、石头都成为能够降祸赐福的神祇;这是自然精灵崇拜的宗教。

随着时代的变迁,由对自然界的信仰,进入以民族英雄为崇拜对象的宗教。譬如关羽忠义可佩,遂和孔子并列为文武二圣,成为儒家精神的象征。岳飞精忠报国可敬,到处建有岳王庙,受到万民的景仰。郑成功开垦台湾、妈祖救济苦难,都成为老百姓心目中伟大的神明,香火不绝。乃至《封神榜》《西游记》等神异小说中,如哪吒、孙悟空等子虚乌有的人物,也为民间百姓所膜拜。

现代化的佛教,应该从对自然图腾的崇拜、英雄式的神权信仰,走向净化身心、提升生命的层次;现代化的佛教,不可以如过去知识低落的时代迷信怪诞,以神奇蛊惑民众,而应该将人心导引至正信的领域。

有人一提到宗教信仰,总认为是村夫渔妇的迷信行径。我们以为迷信固然不可宣扬助长,但是有时迷信却比不信更好。有些人在神明之前持香祝祷,由于宗教的信仰,使他们不敢心存恶意、作奸犯科,他们的心思是善良的,他们的人格是高超的;有时候这种宗教信仰是一股维系社会伦理道德的力量。而且,有些迷信也未尝不是推动国家进步的能源,譬如军人为国家牺牲,为卫民而献出生命,为什么要为国家、为人民牺牲奉献呢?因为对保家卫国的使命产生一种不问任何原因、不计较任何条件的绝对信仰,也就是"迷信"的情操。因此,迷信不一定就不好,如果善于运用,有时可以收到很大的效果。

古人说:"吾心信其可行,则移山倒海如反掌折枝之易。"因此对宗教、真理、正义,产生如磐石不移的"迷信",这不足为惧,值得担心的反倒是什么都不信,精神没有寄托的地方,心灵没有安住的场所;心田中毫无善恶是非的种子,才是最令人忧心的。

在泰国有一种习惯,女孩子选择对象结婚时,会先了解对方有没有当过和尚,当过了和尚,表示此人已受过宗教纯善的熏习、严格的生活训练,有了宗教的信仰,才能嫁给他;如果没有宗教信仰,表示此人缺乏人生目标,不能轻易托付终身。宗教信仰,有时成为衡量一个人人品的准则。

不过,迷信有时也会带给我们极大的束缚,譬如有的人盖房子要看风水、八卦,乔迁时还要算时辰,如果不如此,恐怕祸及子孙、冒犯祖先。其实,依照佛教的看法日日是好日,处处是好地,算命看风水无非是我们自找的一些束缚,我们应该从迷信之中挣脱出来,培养正信,开拓自己的生命,才是现代佛教应走的途径。

迷信是对宗教不计利害得失,全心全意地信奉,由于不明宗教净化人心、提升生命的道理,终究不是十全十美的境界。另外,比迷信更糟糕的是不分是非善恶、邪知邪见的信仰——邪信,譬如过去中国社会里,有一些宗教组织,以邪说异行,蛊惑民众,违背宗教劝人向善、敦风懿俗的原则,更是不足取。现代化的佛教,应该远离邪信的桎梏,摆脱迷信的束缚,建立正确的信仰,培养一颗活活泼泼的心意,徜徉于真理的领域。

(五) 现代化的佛教是进步的,不是保守的

现在是科技文明进步的时代,佛教不但要随着时代进步,并且要走在时代的前端,领导着现代的人心思潮向前迈进。

现代化的佛教不能保守退缩、不能墨守成规,在各方面应该力求新的突破,谋寻新的进展。譬如在建筑方面,应该讲究庄严、圣洁,吸取现代科技文明的精华,追求现代化。因为一切物质的发明,都是为了使人们的生活更幸福、更舒适,如果透过现代文明的种种产物,使现代人很容易地了解佛教的道理,自然地接受佛教,为什么要开时代的倒车,矫情不加以运用,而退到蛮荒不便的时代呢?

事实上佛教在每一个时代里,一直是很进步的。譬如现在普遍使用的围巾,原来是出家人御寒的东西;少女们穿的凉鞋,滥觞于僧侣的罗汉鞋。佛教要我们清心寡欲,并不是否定社会生活的价值,而是对一切物质不起执着,役物而不为物所役,只要有片叶不沾身的功夫,何妨漫游于百花丛中呢?

我们在佛光山利用天然的地形,建设了净土洞窟,希望借着现代的雕刻、绘画等艺术,把极乐世界的殊胜情形,介绍给社会人士。有人对我说:"你们应该建筑地狱,让更多的人看了,心生畏惧,自然会信仰佛教。"宗教信仰,是探讨生命的奥秘,而自然发诸于内心的一种需要,不是透过威吓利诱而勉强入信的。况且十八层地狱是在恐怖的专制国度里,我们追求的是民主开放的社会,那是充满光明、幸福、富足、安详的极乐净土世界,而不是黑暗、悲惨、痛苦、绝望的地狱。这个净土佛国,并不在西方十万里以外的极乐世界,就在我们生存的娑婆世界里,因此如何把我们的娑婆世界建设成圣洁庄严、雍容肃穆的极乐净土,是我们应该努力以赴的方向。

(六) 现代化的佛教是道德的,不是神奇的

有人说:科学是万能的。科学确实解开了不少宇宙的奥秘,但是却有更多混沌未开的天机,是科学无法识破的。连科学之父的爱因斯坦都认为:"人生最后的领域,只能在宗教中才能找到答案。"神秘是任何宗教共有的特质之一,但并不是唯一最珍贵的,宗教更珍贵的内涵是净化人心的道德,而不是神奇。

有的人看到神明能占卜未来,能以符箓祛邪,就信奉不疑;有的人看到鸾生辟谷坐关、炼丹修道,就崇拜有加。其实神异怪奇,并不是宗教所推崇。孔子不语怪力乱神,佛陀也禁止弟子使用神通。神通有时虽然也不失为度化众生的方便,但是究竟不是常道,不宜经常使用,好比刺激性的食物,偶尔食之,可以提神醒脑,但是常久食用,则有破坏性灵之虞,不可不慎。

不管神通如何广大,终究无法解决人生的根本烦恼,无济于生命的净化。譬如鬼神也具有天眼、天耳、神足、宿命、他心等五种神通,但是仍然不能免于六道的生死轮回,主要是缺乏断尽烦恼的漏尽通。漏尽通是在日常生活的身心净化中完成的,因此今后我们应该将宗教道德化,不要使其神奇化,将佛教对社会人心的指导,密切地应用于生活之中,推行人生的佛教、生活的佛教,从生活上的衣食住行、人际来往的关系中,去推动以道德为本,有利于社会的现代化佛教。

二、佛教现代化的依据

今日各个宗教大都已因应时代的需要,而有所革新改进。譬如天主教允许祭祖,允许神父参与世间的活动,基督教更是极力提倡革新,我们佛教也需要有现代化的革新。佛教要依据什么以达到现代化呢?下面分六点加以说明。

(一) 观机逗教

所谓"观机逗教",即对方是什么根器,就施予什么教化。佛教是属于大众的,佛陀为了度尽一切有缘的众生,解决众生们的各种痛苦,敷设八万四千种法门,并且依众生的根基,将佛法分为人、天、声闻、缘觉、菩萨等五乘,网罗一切的学派。譬如儒家讲三纲五常,而佛教提倡三皈五戒中的不杀、不盗、不妄语、不邪淫、不饮酒,依次为五常的仁、义、信、礼、智。依佛教的看法,注重人文精神的儒家,可归为人乘的佛教。

基督教讲永生,信仰上帝才能进入天堂,否则就下地狱。佛教也讲天堂地狱,佛教的天堂是思衣得衣、欲食得食,有长寿幸福的三界二十八天;因此,基督教类似于天乘的佛教。不过,天乘虽然可以享受无比的快乐,但是尚未涤尽烦恼垢秽,终非究竟的境界。

道家主张清净无为、弃世无争的思想,类似于声闻、缘觉的二乘佛教。二乘佛法偏重于各人的自度自了、遁世潜修,因此被大乘佛教斥为焦芽败种的小乘。五乘中的菩萨乘是抱持出世的思想,从事入世的度众工作,也就是将声闻、缘觉的出世思想,和人天的入世精神融合为一体,不仅自利,更要利人;不但自度,更须度他。佛教因不舍弃任何根器的众生,而方便地将一代教法分为五乘,但慈悲济众的菩萨乘,才是佛教致力推弘的法门;进而将权教的三乘趋入实教的一乘,才是最究竟的境界。

(二) 契理契机

所谓契理契机,是上契诸佛之理,下契众生之机的意思。宇宙人生的真理虽然是佛陀所宣说,但是佛陀即使不出世,真理还是存在的。佛陀出生于娑婆世间,49年之中,以种种的方便权巧,契合众生的根基,而说种种法门,因此契理的佛法,乃得宣扬于世间。

根据经典记载,佛陀最初成道时,在金刚座上对大乘利根菩萨说《华严经》。由于《华严经》乃佛自所证的觉悟境界，二乘的阿罗汉听了，如聋若哑，无法领会，佛陀于是说契合他们根基的方等诸经。在法华会上，佛陀演说一乘教的《法华经》时，有5000名的声闻弟子，因为道理太深，不能相契，因此纷纷退席，这就是有名的五千退席。

今日的布教人员，对于圣贤至高至善的道理，也应适合众生的程度，运用智慧，深入浅出施以教化，才能收到预期的效果。譬如对老农而言，笛卡儿哲学的深奥，比不上如何种植稻谷菜蔬才能有更好的收成来得重要。佛陀在世时，教导调琴的琴师如何不急不缓地调和自己的心性；对放牛的牧童就以牧牛为喻，教化他如何驯服放逸的身心。如此，奥妙的教理都能贴切善巧地契入众生的心中，佛陀可说是最善于教化众生的教育家。

有时候我们听到一些人慨叹佛教的教义太深奥，无法登堂入室，窥其玄密。但是反观今日信众聆听佛法的心态，也有待商榷。有一些佛教徒赶场似的到处听经闻法，奔走各道场间，但是问他："那位大德讲经讲得如何呢？"他却回答："讲得很好，我完全听不懂。"听不懂的佛法再高深、再精彩，只是束之高阁的装饰品，不能提高生命的品质，实在不知道好在哪里？弘法的人在弘扬佛教教义时，不但要契理，更要注重契机，让众生都能蒙沾甘露法味的滋润。而闻法的人，也要修学适合自己禀质的法门，努力和佛法相应，才能契入佛法的智慧大海。

（三）方便多门

《楞严经》中有一句话说："方便有多门，归源无二路。"好比我们从高雄到台北办事,或者坐火车,或者搭汽车,甚至乘飞机,虽然交通工具不同,但是最后都能到达目的地。所谓"条条大路通罗马",同样的,佛陀为接引众生契入涅槃妙心,而开演了八万四千种法门,虽然法门千差万别,但是最终的目的,无非希望众生能证悟自家清净本性。

近代弘扬净土思想的大德印光大师,在世时受到信徒们的尊崇。有一次信徒们听说大师要到某个寺院讲经,大家慕名联袂前往。讲经法会进行至半途,听法的信众陆陆续续地离去。大师看了说:"大家哪里是来听经的,只不过是好奇,来看看我印光是不是三头六臂罢了。"从此不再讲经,而以书信往返来接引信徒,皈依的弟子有十万人之多。由大师的例子可知,讲经说法固然是度众的方法,鱼雁启迷何尝不是利生的方便?譬如弘一大师也常以墨宝赠送信徒,只要运用得当,世间的辞章艺术,都可以成为登陆彼岸的津梁。

佛教为了达到万源之本,而有种种的说法,有时谈空说有,有时论相说性。譬如过去有人问智藏禅师法要,禅师一概回答"有"。而同样的问题询问径山禅师时,禅师却回答"无"。乍看之下,仿佛矛盾不通,其实说有说无,理同出一辙。径山禅师是从证悟的境界而说自性毕竟空,一心之外,别无他物,因此没有天堂地狱、田园妻子的假名,心、佛、众生三无差别。而一般人不能体证此境界,智藏禅师才方便地从事相上说因缘差别有。事实上有无本为一体,非为二物,今后如何运用千差万别的方便法门,使众生同归真理之门,是佛教现代化的努力目标。

(四) 恒顺众生

"恒顺众生"本来是《华严经》中普贤菩萨所发的十大愿心之一,意思是说菩萨要顺着众生的意愿,满足他们的希求。但是由于众生的智慧为无明所蔽,如果放纵欲望,贪得无厌,难免产生偏差,因此佛教一向视五欲为烦恼渊薮。如何恒顺众生的希望,继而导之入于善道,是需要有大智慧。

我们的七情六欲好比流水,可以灌溉田园,也可能淹没屋舍。对这一股载舟覆舟的欲流,如果一味加以堵塞,恐怕弄巧成拙,反而泛滥成灾,只有用疏浚的方法,导入于沟渠,才能收到水利之益。因此佛教现代化的依据,是如何因应众生的需要,将之引导于正途,而不是不分青红皂白加以排斥。拳头固然会打伤人,但是腰酸背痛的时候,拳头也是止痛的良剂。拳头本身无善无恶,持之行善则善,握之作恶则恶,如何趋善祛恶,在于是否能够巧妙运用。

(五) 随喜功德

"随喜功德"也是普贤十大愿之中的一愿,意思是随时将欢喜布施给他人。比方看到别人有成就的时候,不起嫉妒的心,随口说些赞叹的好话;看到别人失意的时候,不抱着幸灾乐祸的态度,随口说些鼓励的言语。除了随口布施欢喜,随手做好事,随心帮助人,乃至给对方一个浅浅的微笑,一句不经意的问安,都是随喜的功德。

佛教的四摄六度皆为很好的随喜功德,譬如四摄法中的慈颜摄,就是以和颜悦色对待别人,是脸上的随喜功德。爱语摄就是以柔软语、真实语和对方交谈,是口上的随喜功德。同事摄是站在对方的立场,以对方最能接受的方式,自然地摄化他。譬如父母为了喂小孩子吃饭、喝牛奶,或者以糖果哄骗,或者好言诱之,让小孩子生欢喜心,乖乖地吃饭。同样地,从事教化工作的人,对待众生要如父母疼爱子女一般,以慈爱心给予欢喜。而对方欣喜接受布施,才有功德可言。因此经上说慈悲喜舍四无量心,不仅施的人要欢喜,受的人也欢喜接受,才是真正行布施者。

(六) 不舍一法

经上说菩萨不舍弃任何的众生。对菩萨而言,无论多么顽冥愚昧的众生都具有佛性,都有得度的可能。菩萨为了使众生觉悟其清净自性,只要对众生有利益,不舍弃任何一法,总想尽办法度化他,甚至因此而贬损自己也不在意。

有一次信徒送来一块饼,赵州禅师为了印证弟子文偃禅师的境界,对他说:"谁把自己比喻得最丑陋、最肮脏,就赢得这块饼。"最后文偃禅师把自己比喻为在粪便中乘凉的蛆,而赢得了饼,也得到了赵州禅师的印可。从这则公案可以了解禅师们在污秽的粪便中,都能洒脱自在地乘凉,多么逍遥超脱。而为了印证法要,连取譬于粪便的法门都不舍弃,赵州禅师可称得上善教化众生的长者。

佛教四弘誓愿的其中一愿说"法门无量誓愿学",因为众生无量无边,而菩萨要度尽无边的众生,所以必须修学一切的法门。为了救治众生的病,要开出种种的药方,有时用补药,告之以正道;有时用泻药,泻去其邪见;有时甚至用毒药,以毒攻毒,祛除其愚痴。所谓善治病者,砒霜毒药,皆能治病。只要善于运用,无情的青山溪流、繁花翠竹,都是上弘下化的好道具。

三、佛教现代化的原则

我们推动佛教现代化,应该遵守一些什么原则?我提供几点参考。

(一) 度生重于度死

一般人的观念里,人死了才需要找个出家人来诵经、超荐,佛教仿佛是专为死人而设立的,和活着的人毫不相干,佛教对社会民众,遂变成多余的存在,和实际生活脱离关系。细察其原因,这种风气的形成,佛教界中的一些人士也难辞推波助澜之咎。

当我们问某人:"你为什么出家学佛?"答案往往是:"为了了脱生死。"本来解脱生死的根本烦恼,是佛教最终的目标,但是了脱生死并不是逃避现实生活,而是从日常的身心净化中去下功夫。如果有人问我为什么出家,我绝对不敢说为了了脱生死。我12岁的时候,看到家乡的一位大和尚,对着众多的信徒讲经说法,威仪具足,令人敬慕。我心想:假如我也能出家度化那么多人,让大家在有生之年,就能蒙受法益,不必等到断气了,才麻烦一些人来唱唱念念,那该有多好。根据《地藏菩萨本愿经》记载,替去世的亡魂超荐,固然也有功德,但十分利益亡者只领受三分,其他的七分还是生者受益,如果超度的法会做得不如法,功德就愈小了。因此度死固然重要,度生更为迫切;生者、死者都能度化,才能了脱生死。

时下佛教有一种弊病,青年发心出家学佛,有些寺院不知施予教育,青年本身也不知如何精进,有些人三三两两凑在一起,到处赶经忏。更有甚者,一些在家人士也加入此行列,竞争激烈,"经忏公司"如雨后春笋,到处林立,徒然造就一批靠死人吃饭,使佛教趋于末流的焦芽败种者。因此,佛教要步向现代化,"度生重于度死"的原则,是第一要务。

(二) 奉献重于祈求

台湾的宗教界一片重于祈求的现象,要求佛菩萨保佑他添丁发财,要求神明赐给他功名富贵,把宗教的信仰建立在个人的私欲、贪求之上,使宗教的格调不能突出,人性无法透过宗教的熏陶而提高升华。我以为现代化的佛教应该发扬服务、奉献的精神,为大众付出一片热诚,为社会献上一份关爱。

在平时的修持中,我和佛光山的徒众一样也拜佛祈愿,只是我不曾祈求佛菩萨保佑我长命百岁,保佑我发财腾达。我总是如此地祈求着:"佛菩萨,请将一切的苦难都降在我的身上,让您的弟子考验自己,能不能为众生担当苦难。请将所有的挫折都加诸我,使您的弟子在挫折中,把自己训练得更坚强,为众生挑负一切的责任。"

我不曾想过要从菩萨那儿得到什么,我只是想到信仰了佛教,如何为大众尽一份心力,奉献一份微薄的力量,我觉得奉献的心愿,才真正能和诸佛菩萨慈悲的精神契合。

(三) 生活重于生死

我们并非反对了生脱死,但是在了脱生死之前,先要把生活问题解决了,才能达到真正的了脱生死之境。眼前的生活都无法解决,还奢谈什么生死解脱呢?

为了某些人要了脱生死,放弃人间的责任,到深山幽林中去清修,我们这些人就要辛苦地工作,供养他生活所需,让他躲到山林中去修行。此人成佛作祖了,而佛教也因此被讥为社会的包袱。其实,这种只求自度自了的思想,是无法成佛作祖的,因为缺乏大悲心,是成不了佛的,而大悲心是在引度大众,利益群机之中养成。我们应该先在人间辛劳播种,从生活上去健全身心,解决生死的问题,而不是当社会的逃兵。

过去太虚大师提倡佛教要从事生产,我认为出家人也要学会社会的技能,具有服务社会的能力,以自己的劳力,换取所得来办道修行,不必仰赖社会养活我们。自己的生活没有匮乏了,进而服务社会,奉献人群,协助众生解决生活上的问题,解脱生死的根本烦恼。

总之,推行佛教现代化,虽然最终的目的是生死的解脱,但是必须从生活的完成着手,所谓"佛法在世间,不离世间觉"。这种人间佛教、生活佛教的推展,是佛教走上现代化的必要行径。

(四) 事业重于庙堂

放眼今日台湾的宗教,三步一寺,五步一庙,已经到了近乎泛滥的地步,其中佛教的寺院也不在少数。这些林立的寺院,不但不能为佛教提供什么贡献,反而分散佛教的力量,使社会人士对佛教所投入的物力,以及佛教本身的财力,分散于各个寺院,无法集中一处,充分发挥佛教教化社会的功能,阻遏了佛教的进步。

寺院本来是传播佛法的道场,是大众心灵寄托的地方,但是今日佛教界,有许多人将寺院视为个人清修的场所,是安养天年的养老院,是逃避世间责任的收容所。佛教取诸社会,而对社会却不能有所回馈,担当起福利社会的责任,肩挑起引导人生的大任,使佛教成为社会所诟病的对象。

慈航法师说过:"宗教生存的三大命脉为教育、文化、慈善。"一座寺庙盖得如何的富丽堂皇,如果没有教育、文化、慈善等事业作为内涵,就不是完整的道场,只是虚有其表的建筑。

当初开建佛光山时,有一些名家送我一些宝贵的字画,由于当时经济拮据,捉襟见肘,有人建议我,将这些字画义卖了,以建设佛光山。我一幅也舍不得卖,全部保留下来,因为我认为有了历史文化,宗教才有生命。自从创建佛光山以来,我一直在创办这三种佛教事业,在教育方面,开办培养弘法人才的佛教学院,以及社会一般的学校,乃至以社会各阶层人士为对象的各种讲座、夏令营,务求僧众信众,出家与在家都受到教化。在文化方面,办有出版社,编辑佛教丛书刊物;办报纸、设电视台,传播佛法。在慈善方面,则设立养老院、育幼院、诊所等福祉设施。

我们的宗旨是以教育培养人才,以文化弘扬佛法,以慈善福利社会,以共修净化人心。希望透过佛教事业的创办,为佛教开创新纪元,担当起弘法利生的任务,使佛教免于寄生社会之讥。因此对于佛教现代化,我们应有事业重于寺庙的认识。

(五) 大众重于个人

佛教的教团称为僧伽,僧伽的意思就是众,僧团本来就是六和合众,可见佛教是个非常重视大众的宗教;离开大众,就没有佛法。而社会是由大众组成的共同体,佛教是无法脱离社会而独立存在的。

佛经上说：诸法因缘和合所成。世间上的万相，不能单独存在，一切都彼此相互依存，才能成其事。譬如我们所穿的衣服，要经过工人的纺织、缝制，才能适合地穿在我们的身上；我们所吃的米饭，要经过农民辛勤地播种，商人的运输销售，才能吃到香喷喷的饭食；我们出门的舟车、生活上的所需品，没有一样不是取之于社会大众的辛苦结果，没有社会大众，个人必然没有办法生存下去，大众是我们的恩人，我们应该报答大众的恩泽，所谓报众生恩；取之于大众，回报于大众。

我们如何报答众生的恩惠呢？慈航法师说："只要一人未度，切莫自己逃了。"地藏菩萨的大誓愿说："地狱未空，誓不成佛；众生度尽，方证菩提。"佛教重视的是大众的福利，而非个人的解脱。只要有一个众生尚在受苦，菩萨绝对不自己证入涅槃，享受快乐。这种以众为我，利他即自利的大乘菩萨行，才是佛教现代化的真正精神所在。

（六）法乐重于欲乐

不管男女老幼、贫富贵贱，人生活着是为了追求快乐，乃是人之常情、共同的目标。不过，如果仔细地思考，究竟有多少人能够得到快乐？有人以为拥有亿万的财产就很快乐，但是有钱的人也有他的痛苦，有时担心金钱周转不灵，有时为了事业的推展，忙得无法和自己的妻子儿女团聚、共享天伦。

有的人以读书为乐，但是如果不能活用，满腹经纶也无济于世。有的人以爱情为乐，但人间多怨偶，法庭上互相控告的，不少是当初恩爱的夫妻。有的人则在信仰中寻找快乐,只是不幸信了邪教,不但人格不能升华,并且危害社会。

那么,真正的快乐是什么?真正的快乐不在欲乐,而在法乐。《维摩诘经》上说:"吾有法乐,吾不乐世俗之乐。"佛光山出家的大众,他们牺牲世俗的享乐,献出青春年华,看似愚笨,其实他们自有一种法乐。我们提倡的是佛法的快乐,也就是真理的快乐。佛法的快乐不是以感官五根去感受的人间快乐,而是一种虽然不看不听也陶然自在、发诸于内心的宁静之乐。参禅者有禅悦,诵经者有法乐,拜佛者则有法喜的智慧之乐。我们对于世间上的一切,自有与世俗不同的看法,我们所追求的是简朴勤劳、超然物外的宗教生活,向往的是内在生命的显发,精神上解脱自在的般若之乐。我希望每一个人都能确实地去体会这种法乐,我们的身心将更安住。

(七) 国情重于私情

俗话说:"国家兴亡,匹夫有责。"我们有父母、亲人、乡里故旧,爱家乡固然很重要,但是爱国家更是要紧。即使是从事宗教工作的人,也一样要对自己赖以生存的国家加以爱护。佛教说的"上报四重恩",即是除了报答父母恩、众生恩、三宝恩之外,还要报答国家恩。如果没有国家的庇护,我们就无法安乐地过日子,更遑论安心办道了。

佛陀在世时,听说琉璃王要大举攻打祖国迦毗罗卫国,虽然已是成佛证道的佛陀,也挺身而出,在大军经过的路上静坐,来劝阻这一场战争的发生。依照印度的习俗,如果大军遇见了沙门,今日就偃兵不战。琉璃王一看,阻道的是佛陀,只好退兵。第二天、第三天再出兵,佛陀仍然静坐在炎日下,琉璃王于是对佛陀说:"佛陀,这里太阳酷烈,请您坐到那边有树荫的地方,比较阴凉。"

国王的意思是请佛陀离开此地,以便军队前进。佛陀说:"亲族之荫胜余荫。"

亲族的庇荫,胜过树木的荫凉。眼看自己的国家即将遭到灭亡的不幸,到树下去享受荫凉,又有何意义呢?身体都不存在了,毛发将何以安附?国家灭亡了,个人也无所依靠,所谓"覆巢之下无完卵"。

佛陀也如此的爱国家,我们应该提升对私人、亲族的感情,把这种爱乡的感情扩大,去爱护国家,培养休戚与共的爱国情操,为保护我们的国家尽一份责任。

四、如何推动佛教现代化

我们已经确立了佛教现代化的目标原则,那么要如何推动,才能达成佛教的现代化呢?我提出四项供参考:

(一)配合国家需要的发展

国家的需要,就是佛教的需要。我们佛教徒对于政治,并不希冀什么,但是对于社会的安定、国家的前途,却不能不关心。

观看今日世界的局势,大致可分为民主自由与独裁专制,自由民主的国家讲求宗教信仰自由,政府重视各种宗教的发展,设立宗教机构,订立宗教法,辅导宗教的成长。我们希望将来宗教也能如其他团体一样,成立宗教法人,使宗教更组织化、制度化,发挥引导社会前进的效果。在专制统治之下的国度,表面允许人民自由信仰,实际上却又限制老百姓的宗教活动,所谓宗教信仰,只是虚应故事而已。

民主自由已是不可遏止的世界潮流,我们宗教界也应该配合社会以及走上世界自由开放的时代,站在宗教的岗位上,奉献出我们的力量,以佛教的慈悲平等,来消除世间的残暴战乱;以佛教重视精神、唯心的思想,来对治种种谬论。

(二) 提高生活品质的内涵

台湾目前的经济生活已经相当进步,物质享受也非常高,但是我们的道德并没有跟着进步,生活内涵也不曾因此而提高。经常可以看到一些衣冠楚楚的人,随地吐痰,丢垃圾;上下车船,争先恐后,不遵守公共秩序;缺乏道德心,破坏公物。我们不能以暴发户为满足,我们应提高生活的内涵,把社会建设成礼貌守法、充满爱心的理想境地,而宗教正是担负这种提升社会道德品质的最佳角色。

有时台湾地区政府表扬寺庙的根据,实在有待商榷。哪间道观捐出几十万元、几百万元,政府就颁给奖牌;哪间寺庙兴办养老院、医院、赈灾济贫,政府就发给奖状。一些末流者,就以平日取之于信众的钱,捐给政府 200 万元、300 万元,得到政府的奖励,然后再以奖牌、奖状为号召,标榜自己是受到政府表扬的慈善团体,以取信于老百姓,而获得更大的利益。使原本负有净化人心、敦风懿俗使命的宗教,成为慈善机构。这种做法,使宗教失去存在的意义,无异加速宗教走上没落,乃至灭亡的悲运。

佛教是宗教,慈善固然也是佛教事业的一环,但是我们所要从事的是佛法无上妙谛的宣扬,借此收到人心根本净化之效,而不仅仅是头痛医头、脚痛医脚的工作。翻开报纸,今日社会抢劫案件之多,已经到了触目惊心的地步。世面上到处充斥赝品假药,到处是欺骗陷阱,必须随时随地提防。

针对这种时弊,遵守佛教的五戒,是培养大众守法的最佳良药。如果人人能不杀、不盗、不邪淫、不妄语、不喝酒,就不会伤害别人的生命,侵犯别人的财产乃至名誉,使我们的社会呈现一片祥和。如果我们每个人都能树立因果的观念,就不敢作奸犯科,我们的社会将充满爱心。

因果的观念,告诉我们自己的行为自己负责,世界上绝对没有侥幸的事,前途的好坏,决定于我们自己是否努力。这种因果观念,是一股上进的动力,可以丰富我们生活的内涵。今后我们要做的事,是如何将佛法导入社会,将现今的社会生活,由追求声色犬马的物质享受,提升至追求心灵宁静的精神层次,将社会导向健康富足之道。

(三) 建设心理健康的道德

今日的社会,富有的穷人很多,他们在物质上虽然很富裕,在精神上却很贫困。我们常常自满说:中华民族源远流长,是个优秀的民族,但是有些人的心理又如何呢?看到别人富有了,就怀疑地说:"那个家伙,不晓得从哪里弄来那许多钱,大概是偷窃的。"看到有人升官,就酸溜溜地说:"那个人就会奉承阿谀,终于攀上了高枝。"别人有任何好处都不欢喜,没有与人为善的随喜心,没有众生与我一体的胸襟。

我们应该以佛法的正确信仰,来匡正这种不良的风气,增进大众的心理建设,看到别人事业辉煌腾达时,要随喜赞叹,仿佛自己感同身受一般地光彩欣喜。

有些人到佛光山来参观,看到佛光山的各种建筑,对我说:"你们为什么把佛光山盖得如此宽大呢?"难道把佛光山盖成马不旋踵的茅蓬才好吗?好比台湾土地虽然很小,但是把它发展成经济巨人、文化巨人、道德巨人,这样不好吗?我们建设佛光山,也是抱持这种予人方便、给人欢喜的心,希望佛教对社会有些微的贡献。我们对于别人的事业发展,也要抱着希望对方愈顺利愈欢喜的心,只求社会、佛教众生有成就,而不计较个人的享乐。我们以感恩心、慈悲心、知足心、惭愧心,来对待世间的一切,以众乐为己乐,培养荣耀归于大众,成功不必在我的器宇,来创造快乐的人生。

(四) 创造安和乐利的社会

所谓安和乐利的社会,不只是指从事各种建设,开辟捷运、高速公路、大炼钢厂……也不是拥有电脑、电视机、电冰箱种种电器用品就快乐无忧。有时物质愈充裕,心灵的空虚愈深;经济文明的过度发展,也会带来弊病。我们除了让众生生活所需不虞匮乏,更要让众生从佛法中,获得更大的富足。

如何才能建立安和乐利的社会?这需要从人际关系的调和去完成,在人际之间,如何才能取得和谐呢?彼此要相互尊重,不可以轻蔑他人,谚云:"愚者亦有一得。"又说:"三人行必有我师焉。"我们不能因为对方出身微贱,就轻视他的存在,有时候无用乃真正的大用。譬如有名的六根会议的譬喻,眉毛虽然没有视听的功能,但是缺少眉毛,就失去所以成为人的整体和谐感,因此眉毛的无用,乃是使人之所以为人的整体大用。佛教主张不轻易蔑视任何的众生,哪怕是一只小象,将来也会成为大象,一个能够尊重他人的社会,才是有道德的社会。

创造安和乐利的社会,除了彼此互相尊重,也要分工合作,社会的共同体才能活动起来。好比眼耳鼻舌身等器官,各掌所司,将自己的功能完全发挥之后,人身整体才能运作自如。社会的进步,需要靠每一分子捐弃私见,合作无间才能达成。

我们要将社会建设成安乐和平的社会,必须奉行法治,一切依循法律、制度而行事,不以个人的主观好恶而冤枉任何好人、放过恶人,使我们老百姓都能享受辛勤得来的社会成果。生活在社会的每一个人,要具备公正无私的心,容纳异己的胸怀,不排斥和自己不同意见的人。事实上,这个世界是大家共有共存的世界,不是一己囊袋之中的私物。千差万别的事事物物,有时能使世界更多彩多姿,没有繁花点缀的大地,将失去了它的缤纷美丽。

如何创造安和乐利的社会?必须每个人互相尊重、分工合作、奉行法治、容忍异己、公正无私、赞叹随喜,才能达到这个理想。

所谓佛教现代化,目的即将佛教慈悲、容忍的精神,提供给社会作为参考,希望社会遵循着佛教的平等法、因缘法、因果法等原则原理,而臻于至善至美的境地。社会如果透过佛法的指引,而能充实内涵品质,提高精神层次,那么佛教对于这个时代、社会,才具有存在的意义。社会的进步化、现代化,才是佛教走上现代化的宗旨所在。

1982年2月讲于台湾省政府办国学研习会

现代佛教的四化

佛教自佛陀创教以来,也无不随着时代,
配合当时的风尚,广为弘传。为了契理契机,
传法的方式也随之日新月异,以容易让人接受为原则。

"现代化"这个名词,它代表着进步、迎新、适应、向上的意义。不管国家、社会、宗教等,都会随时代空间、时间的转换,不断地寻求发展,不断地趋向所谓的"现代化"。

而佛教自佛陀创教以来,也无不随着时代,配合当时的风尚,广为弘传。为了契理契机,传法的方式也随之日新月异,以容易让人接受为原则。比如经典的流传,在佛陀时代,以口授方式传法;佛涅槃后,随着时代的进步而有贝叶抄经的出现,乃至后来的刻经、印经,发展到现在的电子版大藏经等,这都是由于"现代化"而形成各个时代不同的弘法方式。

针对"佛教如何现代化"这个主题,提出以下四点看法:

一、佛法"现代语文化"

国际企业界除了专业技能外,语文能力是最重要的一环。各

种语文的使用,以英语占大部分,根据统计,目前全球有3/4的邮件和电报是以英语发出,80%的计算机存储数据是使用英文。其次,学习汉语、日语的外国人,也逐渐增加。现在一般学校已普遍设有多种语言的学习,基督教传教士到各地传教,经常使用当地方言传教,日本人习惯用小耳朵同步翻译各种语文,乃至一般会议上也有立即翻译的设置,这些都是讲求"语文现代化"的实例。可见在国际交流间,语文所占的重要地位。

佛陀时代,印度的语言(包括方言)有220多种,主要的语言有13种。所谓"佛以一音演说法,众生随类各得解",佛陀也应用多种语言传法。佛涅槃后,第一次的圣典结集,大多采用混成的俗语,以期佛法的流传能够普遍化,后来,也不可避免地使用了古印度的雅语——梵文,所以近世在尼泊尔、高昌、于阗等地,因而发掘到若干的梵文佛典。中国的翻译家中,竺法护通达30大国语言,鸠摩罗什、玄奘大师等,皆因通达多种语言,才能译如此浩瀚的经文。

当今由于现代人的努力,多种语言的佛教书籍纷纷出版,如英语、日语、法语、德语、西班牙语、北印度语、孟加拉国语等等,佛教的经论也以多种语言表达,如《法华经》《大唐西域记》《大乘起信论》等;甚至经典的语体化也渐渐普遍。更有人计划性地把藏经、大辞典译成英文。

语言,在佛法上的功能是相当重要的。一个佛教学者必须具备梵、巴、藏、英、日等语言,才能寻根究源佛陀的遗教,如我们熟知的麦克雷教授、水谷幸正教授等,皆具备多国语言的能力;布教师如能通达国际语言,教义才能传布到他国领域,如日本铃木大拙的禅法,能在西方盛行,是因为他具备英语传教能力所致;基督教能在台湾本地传播二三百年的历史,也是由于该教宗教师具有汉语能力。

因此,希望我们佛教的经典未来,能全部语体化、有声化、电子化、彩色化,以期普遍流传。尤其佛弟子要重视语言能力的培养,如果从小即给予训练,具备多种语言的才能,将来传教说法,才能使佛教进入世界化的新里程。

二、传教"现代科技化"

随着时代进步,目前社会已迈入信息化、电子化的潮流,为了讲求方法、效率,办公室中已普遍使用各种电子化的信息产物,以便走上企业管理化、人事组织化、数据计算机化。电话从有线、无线、传真,到带着走的移动电话,人们对它的应用也从工作上,渐渐扩大至一般生活。这些现代化的科技,带来的意义不仅是"新"、"方便",连生活习惯、人际的交流、思想的价值观,也因此有了改变。

过去,佛陀虽然以口传授佛法,却相当重视方法的运用,以种种譬喻、因缘、重颂、长行等方式教化弟子。随着时代、地域、文化的不同,传教方法也有了多层次的改进。佛教传入中国后,由于魏晋时期国家分裂战乱,当时阴阳方术、巫术、鬼神信仰非常盛行,来到中土的西域高僧如佛图澄,为了佛法的传扬,多显灵异,摄伏了暴戾的石虎、石勒;道安大师致力汉译佛经,为了讲究方法,写出《综理众经目录》;他为僧团制定应遵守的法规、仪式,为后来中国丛林寺院的制度奠下基础;此外,敦煌莫高窟发现的各种变文、鱼山梵呗,或是唐代盛行的"经变画",都是随着时代的进步所发展出来的。

佛世时,佛弟子行脚托钵至四方教化;玄奘大师步行横过八百里流沙西行求法;真谛三藏搭乘船只抵达中国南海,带来许多重要经籍;鉴真大师11次渡海,终于将佛教的戒法传到日本;现在又进步到汽车、飞机等交通工具,让佛教的弘传更是方便。小型的弘法布教,应用麦克风、音响、幻灯片、音乐碟片、电脑、录像机等现代器材;大型的佛学讲座,则利用现代的科技,电视、电台、卫星转播、投影机等,配合音乐、舞蹈、灯光,乃至利用传真机、电脑来传送各种数据。

做事、做学问要讲究方法,传教更需要讲求时效。过去属于个人布教,慢慢地应重视团体布教,采用多元化方式弘法,如研讨会、座谈会、联谊会、读书会等方式。过去是影印的黑白世界,现在已进入令人赏心悦目的彩色世界,未来的互联网、卫星转播等,将成为科技弘法广泛使用的工具。

三、修行"现代生活化"

过去的人,开口闭口"我要去深山修行"、"我要去闭关修行",试问:一生的岁月就这样盲修瞎练,真正证悟的有几人?自我陶醉在"修行"的名目中,真正实际修行的有几人?只为"修行"闭关,假修行之名沽名钓誉,真正有功力的又有几人?谈到修行,重在口号,只说不做;重视外表形式,没有实际方法,只是一种消磨式的荒度岁月;甚至是幻想式、自我式的修行,这些都是佛陀所呵斥的"焦芽败种"。

现代修行应效法维摩诘居士在人间行道;地藏菩萨,在极苦地狱中,以救度众生作为修行;观音菩萨,在苦海中,以寻声救苦作为修行;佛陀以每天托钵、行脚、教化众生作为修行;舍利弗尊者以兴建祇园道场作为修行;阿难尊者以侍奉佛陀作为修行;大迦叶尊者以自我头陀作为修行;迦旃延尊者为了弘法,以与人论议作为修行;富楼那尊者以到偏远地区弘法作为修行;优波离尊者不辞辛苦,以为人劳作为修行,甚至周利盘陀伽尊者以拂尘扫地作为他的修行方法。

中国的禅师们,如百丈禅师以"一日不作,一日不食"为修行;赵州禅师以"洗碗去、扫地去"揭示学佛者修行不离生活;禅门老典座"晒香菇"的典范,启发道元禅师修行就在当下……念佛、诵经固然是修行,但这些圣贤大德明确地告诉我们,日常生活,搬柴运水,皆是修行,真正的禅者都是头顶着青天,脚踏着大地,眼视芸芸众生,耳听苦难声音,把和平幸福散布人间。

我们不但要学习古德的行谊典范,进一步更要配合时代所需,以服务社会,令众生欢喜为修行。佛弟子应树立吃苦耐劳、救济众生的慈悲身教形象为众生服务;以教书、医护、艺术、文学等为众生效劳。《阿弥陀经》说:"不可以少善根福德因缘,得生彼国。"这是告诉我们,要多为众生服务,多广结善缘。《大智度论》说:"菩萨为广度一切众生,而广学一切法。"所以现代的修行,应讲求生活化,学习各种法门广度众生。工作时可以念佛,静处能行三昧,动处也能安住定中;能在乐处安稳众生,也能在边远地区苦修。不以忙为苦,不以劳为苦,不以无为苦,不以恼害为苦,不以婆婆恶浊为苦;心常住寂静处,方为真正的修行,也正是《般若经》所言的"觉意三昧"的修持。

四、寺院"现代学校化"

自古以来,寺院就是代表传法、办道的地方。有寺庙、庵堂就有法在,就能办道,因而往往成为当地的文化中心。另外,寺院提供百姓住宿,也是无法抹灭的贡献之一,特别是唐代以后,许多参加科举的应考生,经常居于寺庙苦读。例如宋僧成寻在《参天台五台山记》中记载,他在天台山国清寺参访时,曾和暂住在国清寺的四位明州(浙江)秀才、七位温州(福建)秀才谈论佛法;这几位秀才就是参加全国官吏考试20万人中的考生。

有些人对寺院有一些错误观念,以为年老了,到寺庙找一处清净的地方安老;放假了,住到寺庙享受宁静;有法会时,到寺庙祭拜赶斋……无形中,寺院变成公寓、饭店,或养老院、度假村,失去它原有的传教、办道的功能。

潮流向前推进,寺院的功能也应作具体的发挥,未来寺院的功能应该朝向学校化。以前,祇园精舍就是讲堂,中国古老的寺院设有法堂、藏经楼,这些都具备教育的功能。汉唐时代,佛教寺院堪称当时的文化中心,人们到寺院参访,除了满足宗教生活的需要,还能欣赏绘画、雕塑、书法等种种艺术文化,文人墨客更是寺院的常客。

在更高层次文化领域里,寺院是具有多种效能的教育所在。僧人的博学,往往使得寺院的讲席,成为活跃学术的论坛。由于寺院占地广大,房舍众多,环境幽静,藏书丰富,历代高僧们不但宣讲佛法,同时也重视大众的文化教育,把教化民众视为自己的重要任务,使得佛教寺院成为社会教育的重要机构。

台湾的社会环境，时常充满垃圾、废气、废水、二氧化碳等污染物，当前党派扭打、警民枪战、绑匪撕票，家门街头变成恐怖战场，不仅遭受人类破坏的地球需要环保，被惑乱的人心，更需要环保。

所以，现代的寺院应该设立图书馆，供人阅读佛教典籍；设视听中心、简报室介绍佛教文化史迹；有会议室可以研讨、座谈、开会、解决社会问题；有讲堂可以布教弘法、举办活动引导人心向善，以达净化民心的功效。只有把寺院功能学校化，才能接引民众进入佛法，使众生得闻法益，进而离苦得乐。

佛教如何现代化？从佛法"现代语文化"，走入时代，走入世界每一个角落，使佛法能广泛流传；从传教"现代科技化"，节省时空、人力，应用方法，达到最高效率与成果，提高民众对佛教的认识；从修行"现代生活化"，以服务、奉献、精进、耐劳作为修行，以生活劳作为修行，以六度为修行，使生活修行化，修行生活化；从寺院"现代学校化"，使寺院发挥多项教育、文化等功能，为大众服务，广植福德来成就菩萨道。

1991年1月3日讲于佛光山佛教青年学术会议

现代佛教的建设

学习佛行,学菩萨行,以人间进取的精神,来建设佛教;
以乐观喜悦的说理,观机逗教,使众生同沾法益,悟佛知见;
以资生利众的事业,恒顺众生的需求;
以悲智愿行的性格,落实人间,使人间社会臻于至善至美的境界。

有人看到佛光山的各项建筑与设备,便说我们"太现代化了",我个人具有融合的性格,总希望把传统文化与现代文明融合。现代的佛教,也应该是南传、北传佛教的融合,禅、净的融合,出家、在家的融合,更是世界各佛教的融合。

全世界不管在政治、社会、经济、军事各方面,大家都有一个共同的认识,只有在"现代化"之下,人类才能生存、幸福。

过去,中国在美丽的传说中赏月,现在,美国把航天员送到月球上,直窥月亮的真相,这是"现代化"的成就。甚至我们的生活中,物质的丰富、社会的进步及经济的成就,也皆归功于"现代化"的发展。因此,"现代化"是举世人类所要推行、所要达成的。佛教如何现代化呢?以下提出四点来说明"如何建设现代佛教"。

一、要有人间进取的精神

在这世界上,物竞天择,适者生存,每个人不是靠别人给我们财富,给我们救济,而是要靠自己努力才能生存。所以,人要有进取的精神。佛教教主释迦牟尼佛,是最典型具有人间进取精神的圣者。他自成道后,从托钵、乞食、游行于摩揭陀国、憍萨弥罗国之间传教、说法、度众生,无一不是他进取精神的表征。

历代的佛弟子也是如此,富楼那尊者不怕生命危险到蛮荒的输卢那国传教;迦旃延尊者为护正法,常与外道论议;阿那律尊者因精进而失明,也因精进得天眼;阿难尊者到牢狱营救被囚困的频婆娑罗王;目犍连尊者到地狱救度苦难的母亲。由这些例子,我们可以知道:佛教重视济苦的发心及进取的精神。

东晋的法显、唐代的玄奘等大师,渡沙河、越葱岭,为了求法远赴印度取经,虽备受艰厄困顿,终以誓死不归的决心,取经东还。1500年前,慧深法师为了弘传佛法而无视艰险,远渡重洋,不但创下发现美洲的纪录,更成为美洲佛教的滥觞。

唐朝鉴真大师,深感佛法应兴隆于有缘之国,以舍我其谁的决心,到日本弘传戒律。经6次东渡,11年的颠沛流离,最后虽双目失明,仍以66岁的高龄,远渡至日本兴建戒坛。唐朝智实大师因不满太宗下诏道士位列僧前,表奏极力谏止,遭罪受杖,义无反顾。由于历代高僧大德的积极进取、护教,佛教方能迭经天灾法难而屹立不摇,流传至今。佛法要落实人间,才有存在的价值,若要佛教兴隆,利乐有情,唯有积极进取方能成其效。

在美国时,曾有一位教授对我说:佛教只有忍让、后退的观念,但在美国的文化里,都是要人向前推进。我自觉很遗憾,一般人提到中国的佛教,给他们的观念就是保守、落伍、消极、悲观、厌世。可能中国佛教徒对菩萨修行的六度中的"忍"字有所误解,以为什么事都不要计较,要忍让、要后退。我们应该重新为"忍"下定义。忍,它不只是忍让、后退的消极,它具有积极向前的精神,忍是能承担,忍是能化解、能处理。降魔时需要忍,牺牲奉献时需要忍,从忍中智慧才能增长,从忍中功德才能增加,从忍中我执才能去除。所以,我们提倡佛教要有进取精神,要有坚忍的力量,去推行大慈、大行、大智、大愿的精神,佛教才能发展、弘传开来。

例如佛教重视修行,如果要修行,就必须与我们的自私、烦恼作战,没有进取的作战勇气,又如何能消灭烦恼魔军?要弘法,如果不能以进取之心,不断汲取新知,又如何能应世所需,为人所接受?佛教要兴隆,如果没有积极进取的护教之心,又如何能排除邪见?如何能生起"闻谤佛音声,如三百矛刺心"的宗教热诚?因此,我们呼吁:今后佛教徒要有进取佛道、菩萨道的精神,对于佛法事业、度众、修行,都应具有进取的热诚。甚至现代的知识、现代的方法、现代的思想,都应该认真学习,努力进取而加以应用。

二、要有乐观喜悦的说理

佛教传统讲经的方法,一开始就把经中对苦、空、无常等世间实相的分析,照本宣科地讲说。这是佛教的基本思想,是佛陀所说的三法印。但是,在当今说法布教时,要懂得应用善巧方便。

佛教为什么说苦?是为了追求幸福快乐;苦是人间的现象,但非我们的目的,佛教的目的是要脱离苦恼、寻求快乐。许多人讲

"空","天也空,地也空,四大皆空、一切皆空……"让大家听了很害怕,觉得什么都没有了。其实,"空"是建设"有"的,只是一般人不了解。空有空的内容,在空的里面才能拥有宇宙的一切,不空的话,就什么都没有。真"空"生妙"有",我们先有"妙有",才能入空;先建设现实"有"的世界,从"有"的真实中,方能体验"空"的智慧。

有些佛教人士说法,常常否定人间现实的需要。例如谈到金钱,就说"黄金是毒蛇";谈到夫妻,都是"不是冤家不聚头";讲到儿女,是"一群讨债鬼";论及世间,凡事都是无常的……一般人听到这些,会怀疑到底他拥有什么?围绕在他的四周,都是毒蛇、冤家、讨债鬼、随时会幻灭的一切,多可怕的人生。

事实上,佛教并非全盘否定金钱,对于取之有道的钱,称为"净财"。净财可以推动各种事业发展,使社会安和乐利。妻子儿女、亲戚眷属,只要彼此尊重、互敬、互谅,可以成为道友法侣,建设和乐的佛化家庭。因为世间是无常,一切都不停地变化,在变化中,坏的才能变成好的,恶的才能变成善的,凡夫也才能成为圣人。不要把出世的思想,加诸每一位佛教徒身上,让他们有消极、厌世的想法,我们应该用乐观、喜悦的佛教,来增进他们的幸福、增进他们的道德、慈悲,使他们的生活更美满,这才是佛陀真正示教的真谛。

通常在寺庙里,都会供奉一尊笑口常开的弥勒菩萨,又称为"欢喜佛",只要一进山门,他就把欢喜带给你。佛经中记载:佛陀说法时,大众同声"愿乐欲闻",最后是"欢喜踊跃,信受奉行",这也是提倡要有法乐、禅悦。佛教中菩萨的修行,俱证人我二空,成就自利利他之行,心生喜悦,就称为"欢喜地菩萨"。另外还有所谓金刚喜菩萨、禅悦藏菩萨。可见佛教是提倡喜乐的宗教,从自身轻安的法喜,到自他二利的禅悦法喜。

如果佛门很苦,一切皆空,什么都没有,就没有人愿意信仰了。常有人说:"佛光山地上铺地毯,屋里装设冷气,外表建筑金碧辉煌,佛教怎能如此做呢?"其实,经典提到西方极乐净土、东方琉璃世界,都是城阙楼阁、轩窗罗网、黄金铺地、七宝所成,大家无不欢喜向往。佛教徒天天念佛,念了几十年,就是想要到极乐世界去。阿弥陀佛建设的极乐世界,为什么要到死后才享受?在世的时候,为什么不要这些东西呢?佛光山的庄严,是希望来山者,能由此体会净土的喜乐,进而对三宝生起信心。

我认为现代的佛教,不但是进取的,给人幸福、快乐的,也让人欢喜、有希望的。所以,佛光山的性格就是"给人信心,给人欢喜,给人希望,给人方便"。今后,现代佛教唯有建设喜乐的观念,建设幸福快乐的佛教,佛教的信徒才会增加,佛教才能绵延流传。

三、要有资生利众的事业

不知道从何时开始,只要看到出家人穿得破破烂烂的,就认为他是有道德修行的;越是不要钱,越被认为清高。假如佛祖不装金,不知是否有人要礼拜?假如我们到另外一个地方,说我们没有钱,不知是否会有人欢迎我们?

佛教从印度传到中国、韩国、日本等地,能在当地社会普遍被接受,其中一个原因,是因为佛教能注重资生的贡献,利众的事业,能解决民生问题。在《仁王般若波罗蜜经》中,佛陀谆谆告诫仁君治国之道,其中一项是:"让人民资具充足,不虞匮乏。"经中描述极乐净土或东方琉璃净土,都是生活自在,衣食无虑,民生富庶,物质随心所欲,人民在安乐的环境中修学办道。由此可证明,佛教是非常重视资生用具与社会事业的完备。

中国南北朝时,佛教设有"僧祇户"、"僧祇粟",在荒年赈放谷物救济灾民。寺院内还附设"寺库"、"长生库"、"无尽藏"等金融机构,资贷财物,供人民周转之需。印度佛教托钵习俗,传到中国后,由于文化、民俗的思想不同,经由百丈怀海禅师立下"一日不作,一日不食"的农禅制度,不但使寺院本身得以自给自足,无形中也增加社会生产,利国利民。其他如北魏免囚保护的佛图户、东魏洛阳杨膺寺等的造桥铺路、唐代的悲田养病坊等,都是利于众生的事业。

历年来,佛教曾经举办不少义学,礼请名师大德教育失学的人,为国家培育英才,也提供各种医疗救济、教育、文化事业,造福社会。今后,只要能对国家民生、对社会大众、经济利益、幸福快乐生活有所增加的事业,如农场、工厂、公司、银行等,佛教徒都应该去做,这就是"普济群生"。现代佛教需要的,必定要合乎现代大众所需;现代大众不需要的,应该是现代佛教所不取的。

四、要有悲智愿行的性格

中国明清以来的佛教非常衰微,为什么?主要是由于佛教徒没有慈悲、没有智慧、没有愿力、没有功行。佛教在中国大陆有四大名山,代表四大菩萨的道场。浙江普陀山的观音菩萨,代表慈悲;山西五台山的文殊菩萨,代表智慧;安徽九华山地藏王菩萨,代表愿力;四川峨嵋山普贤菩萨,代表功行、修行。中国佛教徒喜欢朝山礼拜四大菩萨,主要也是向往、学习悲智愿行的精神。但是每次朝山以后,悲智愿行仍然留在山上,没有把它带入自己的心里,以至于佛教徒的生活里没有悲智愿行,没有佛教。佛教会衰微,就是佛教徒没有"佛"的"教",没有学习佛陀教化众生的慈悲,缺乏佛陀深入真理的智慧,也没有济苦的愿力,缺乏去苦得乐的行为。

东方有一句谚语:"家家弥陀佛,户户观世音。"观世音菩萨为何能深入每一个家庭?因为观音慈悲、庄严,闻声救苦救难,是每个人心目中的保姆。阿弥陀佛又为何能为人所称叹?因为如来的四十八大愿,愿愿皆是为了济度众生往生极乐。地藏菩萨"众生度尽,方证菩提,地狱不空,誓不成佛"的大愿心,累劫以来,是世人黑暗中的明灯。文殊菩萨的智慧,是世人去除烦恼,体悟实相的慧剑。普贤菩萨的实践,更是进入菩提大道,建设幸福净土,不可缺少的原动力。

这四种性格,其实是互相含摄,缺一不可的,有悲心无愿力,悲心不易长久;有愿力而无智慧,则成愚行;有智慧而无实践,也只是空谈。

现在的佛教界,不管出世或入世,各有两种现象:讲入世的人,有的太过于入世,总在名利上讨生活,在人情上攀缘,这种人太过世俗化,离佛道已远。另一种人虽有慈心悲愿,却没有智慧远见去思考佛教深层的前途问题,只是胡搞活动,不能真正把握佛教的何去何从。讲出世的人,一种太过于出世,只知道赶快参禅悟道、念佛往生,把众生丢在一边,这种人是借修行而自修,与佛教的人间性格背道而驰。另一种人口口声声清净无为、无欲无贪,其实心怀嫉妒、自我标榜,这种人只是借修行之名而懒惰,实是佛教中的焦芽败种。

现代的佛教徒，在复兴佛教、普济群生的前提下，应以观音的慈悲，给众生方便，为众生服务；以文殊的智慧，引导众生走出迷途，获得光明；以地藏的愿力，使佛法进入每个家庭里，传遍世界每个角落；以普贤的功行，契理契机，随顺众生，行难行能行之事。而在四大菩萨中，只有地藏菩萨是出家的僧相，其他都以在家菩萨的形相示现，意思是，现代佛教今后还要靠具备大乘佛教精神的在家信徒，广行菩萨道，建设现代佛教。

如何建设现代佛教？我们认为应学习佛行，学菩萨行，以人间进取的精神，来建设佛教；以乐观喜悦的说理，观机逗教，使众生同沾法益，悟佛知见；以资生利众的事业，恒顺众生的需求；以悲智愿行的性格，落实人间，使人间社会臻于至善至美的境界。

1990年12月28日讲于佛光山

今日佛教的希望

佛教复兴的希望在哪里?
主要在全佛教的大众,必须有新的观念,
这些新观念就是要健全制度、自力更生、福利社会、提倡富乐、
发展教育、进取创造、团结合作、重视人才。

《觉世旬刊》曾经刊出一篇"今日佛教不能复兴的症结在哪里?"字里行间,作者爱教的热忱洋溢其中,其提出八点今日佛教不能复兴的症结有:

第一,佛教缺乏组织和制度。

第二,佛教不够有企业的精神。

第三,佛教太过倡导厌离世间。

第四,佛教申斥物欲的罪恶,不易为社会大众所接受。

第五,佛教忽视教育。

第六,佛教过分保守。

第七,今日佛教徒没有服务热忱。

第八,今日佛教里大家瞋恨嫉妒,不重视人才。

针对这些,我也提出以下八点说明"今日佛教复兴的希望在哪里"。

一、健全制度

今日佛教复兴的希望首在健全制度。

现在的社会讲究组织、讲究制度,不仅工商业要制度化,甚至现代的战争,都叫作组织战。台湾公职人员的参选,讲究健全的组织,以冀竞选的胜利。就算是一个大家庭,也要有健全的制度,家庭分子才能相安无事。

佛教僧团,本来就有健全的制度,例如戒律,是维系佛教大众生活安好的制度,六和敬的原则,可以维护僧伽彼此相安相处。过去中国大陆的寺院丛林之所以有规矩,就是因为讲制度。早期台湾的佛教,不但没有制度,而且各自为政不肯服从,显得过于散漫。不论哪个人,想做什么事,就做什么,连佛教会都无法管理。因此,要想复兴佛教,首先必须从健全制度着手。

现在台湾的佛教,制度虽然尚未很健全,但教界慢慢已有共识,例如宗教立法一事,为了保护佛教的权益,大家都能不断地会商、讨论,逐渐取得共识,以便让佛教的制度健全。又如佛光山丛林学院的教育课程,数十年来,为了因应现代社会的潮流,及学生的根器,不断地讨论、更新。譬如初级班应该有些什么课程?高级班、专修部、研究部又应该有些什么课程?这些都要制度化。

讲到佛教的制度,需要建立的制度太多了,例如人事要有人事制度,经济要有经济制度,寺院要有寺院制度,传教要有传教制度,甚至举行法会,也要有办法会的制度。此外,如剃度的制度、传戒的制度等,这许多制度若能更健全,佛教就能更团结。

为什么佛教需要制度?举例说明——有些人刚剃度出家,就称"法师",可是出家50年的人,也称"法师"。还未受戒,就到处化缘建庙;海青袈裟还没学会穿,就经常做法会;自己还没有受戒,就已收徒纳众;自己才受戒,戒疤未干,还不懂规矩,就充当戒师。法会太容易做,传戒、剃度太草率,这些都是由于佛教没有健全的制度所引起的现象。

因此,我们要复兴佛教,首先必须加强组织,健全制度。

二、自力更生

其次,今日佛教复兴的希望在自力更生。

所谓"自力更生",就是靠经营事业、靠道德能力,以求生存。靠经营事业是指从事生产、注重企业;靠道德能力,即是不靠别人,而以自己的能力、德行来生活,例如我还在焦山佛学院念书时,山上有好几十间小寺院庵堂,其中有一座大寺院叫定慧寺,寺中每一位出家人都能写字、绘画,他们将自己的字、画,辟一间净室陈列,如果游客到焦山来参观,多少会买一些字画,他们就以此维持生活。

过去中国大陆丛林里,有一些出家人对医学特别有研究,可以替人看病;也有一些法师到学校教书。他们有能力,不但自己可以维持生活资粮,还可以替佛教工作。有的出家人闭关修行,信徒们因仰慕他的道德而出资供养;也由于他的德高,不会把信徒的供养据为己有,因此能从事弘法利生的工作。

在中国佛教史上,很多出家人相当重视佛教的自力更生。如唐朝寺院经营磨坊,开办无尽藏(当铺),一来福利社会,二来可以自己生活。1949年以前,很多寺院早已效法百丈禅师的农禅生活,自耕自食；响应太虚大师提倡的工禅生活，经营织布工厂等。

早期台湾佛教界有所谓"会得香云盖，到处吃素菜"的现象，似乎会念经，就有饭吃，会做法会，寺庙就能兴旺。这种拉信徒、化小缘等赖以生存的方式，势必会随着时代的进步而求改变、求突破。意即我们要靠自己的辛勤劳苦，或体力、脑力，或修道力，以获取修行的资粮；甚至要用自己的所有，去福利社会，普度众生。

多年来我一直有个想法，身为比丘者，至少要会教书，具备担任教师的资格，或者能行医，具有替人看病的能力；比丘尼则能从事护理工作，或者从事慈善幼教，或者编辑撰写。不要仰赖施舍过生活，也不要依赖佛教而生存，更不要把佛教寺院当作收容所。我们应该争气、发心，奉献社会，光大佛法。

现代的佛教，生活太容易，因此不会考虑如何自力更生，不懂得以自己的劳力换取生活。我认为现代的佛教徒，不但自己要有生存的能力，甚至还要有贡献社会的力量，如此才能受到社会大众的重视，才有办法从事弘法利生的工作。

三、福利社会

几十年来，本地政府一再提倡寺院要兴办社会公益事业，不论佛教会、佛教寺院、佛教徒，大家也都热心进行，譬如冬令救济、托钵济贫、响应仁爱计划、小康计划等，响应政府的各种社会福利事业。不过，由于佛教缺乏组织，没有制度，虽然做了，也少有大的成果。所谓"出了灯油钱，蹲在黑地拜"，就是这个道理。

目前佛教办有医院、诊所等福利社会事业，如台中菩提医院、宜兰普门医院、花莲慈济综合医院、高雄佛光诊所，以及其他的诊所等。此外，也办有救济院、养老院等慈善事业。虽然佛教慈善事业已经起步，但是还不够，如开设医院，佛教徒少有人能担任医生、护理工作。令人遗憾的是，现在的佛教青年，有些还留在寺院里自修，很少想到走出山门，为社会做福利事业的工作。

佛光山佛学院第三届学生，一毕业即在宜兰仁爱救济院（仁爱之家）服务的依融、绍觉法师，他们一举手发心就是40年，所做的即是福利社会的工作，也是菩萨道的工作。他们奉献的精神、他们利众的苦心，比住持十个、八个寺庙还有贡献。花莲慈济功德会的证严法师，对贫苦大众，送衣送食、赠钱看病，甚至开办佛教医院，嘉惠许多地区的民众，真正做到救苦救难的菩萨精神。

如果大家都肯从事社会福利教化工作，则社会大众、政府，自然会重视我们，佛教就有力量。希望今日佛教界的人士，不要寄望别人捐助我们，奉献给我们，佛教徒应该反过来想，我们如何贡献社会，服务大众。佛教里发心行菩萨道的人，要认清：必须作自我牺牲，以求贡献社会，福利大众。

目前佛教界还有一种现象，有些人停留在自我陶醉，自我求安闲里，好像只要有几个知己，住在公寓、小房屋，就感到满足。因此，这里一个小庙，那里一个精舍，没有大乘菩萨普济社会的悲心，没有为大众谋取福利的精神，佛教如何能够受到社会重视？所以今后的佛教，必须朝着福利社会的方向努力。

四、提倡富乐

以台湾目前的信仰现况，真正的佛教信徒比较少，神道教的信徒比较多。为什么呢？因为信奉神道教，可以求神明给他富贵，给他发财,给他健康,甚至中奖,让子子孙孙幸福万年;神道教所以能有一股庞大的力量,就是它迎合了信徒的信仰与需要。

早期的佛教却不重视信徒的富乐,佛教常鼓励人往生极乐世界,一再强调极乐世界的快乐富有,走的地,是黄金铺地;喝的水,是八功德水;穿的衣,是自然天衣;吃的饭,是酥酡妙味。在极乐世界里,可说是物质丰富,生活享乐。可是,在现实的社会里,传教的法师们却主张:吃,要吃得不好;穿,要穿得不好。譬如,常听人说某人很有道德,为什么?因为都穿得破破烂烂;某人很有修行,为什么?因为都吃一些腐坏的东西。因此,一些有心信仰佛教的人,想到必须把现代家庭、社会、文明物质上的快乐,全都舍弃,他不容易做到,也就对佛教怯步了。

早期,台北有一寺院铺了地板,却遭到某佛教杂志批评寺院"铺地板像个舞厅一样";装个抽水马桶,也遭到攻击。难道佛教寺院一定要让地板坎坷不平,才算庄严吗?让厕所臭气冲天,才算"修行"吗?如果我们不提倡人生的富乐,不重视家庭的佛教化、生活的佛教化,这是背弃人生的佛教,是不容易为社会大众所接受。

举例来说,台北大同公司董事长林挺生是个佛教徒,假如他听经闻法时,都听到法师说:"佛教徒的生活不要太过分享受,何必用冷气机、电饭锅、电风扇?过得去就好。"他心中会想,如果大家都依照佛教所说去做,"大同公司"岂不要关门了?

又比如台南纺织公司出产太子龙衣料,故董事长吴修齐也是佛教的信徒。过去学生们的衣服布料,大都出自他的工厂。如果他来听经,却听到:"学佛的人何必穿这么好的布料,何必讲究颜色,我们只穿百衲衣、灰色衣。"吴修齐先生心里一定会想:如果再拥护佛教,佛法盛行后,大家都穿百衲衣,那太子龙衣料岂不是没人买了吗?

嘉义晋安药厂负责人吴大海,是一名虔诚的佛教信徒,他的厂里出产各种药品。如果我们不注重保健,又排斥现代的医药,生病或是感冒,以为拜拜佛、流流汗就会好;患了肠胃病,也认为是不发心修行,赶紧打坐、喝大悲咒水。吴大海听到这些话,一定也会想,若再拥护佛教,佛教信徒增多以后,有病不肯吃药,晋安药厂也该关门了。

事实上,我们对于现代社会的文明生活,人间生活上所增加的富乐,都要像极乐世界一样,不但不要排斥,还应该提倡,嘉许信徒拥有财富,更要教导信徒正确的财富观念,如"黄金不是毒蛇"、"有钱不是罪恶"、"钱,用了才是自己的;有钱是福报,会用钱才是智慧"。这样的佛教,才容易为今日的社会大众所接受。

五、发展教育

佛教拥有最丰富的文化,最高深的教理,藏经丰富,典籍浩瀚,可是却不太重视教育。没有教育,纵有再高深的教理,再繁多的经典,谁去研究? 如何利于大众? 所以必须提倡教育。信徒,要有信徒的教育;僧伽,要有僧伽的教育;甚至儿童、妇女,也要有儿童的教育、妇女的教育。

早期的台湾佛教虽然也办教育,但与其他的宗教相比,佛教实在相差太远了,如泰北中学、慈航中学,虽然开办了,最后却离开佛教,为社会所有。为什么呢? 因为佛教没有人才。所以,我们坚持要办大学,类似其他宗教所办的辅仁大学、东海大学等,为社会培育人才。

　　幸而今日佛教已逐渐重视教育，办有华梵大学、玄奘大学等，佛光山则创办位于宜兰礁溪的佛光大学及嘉义大林的南华大学。办校的原则，主要是着重人文精神的发扬，吸收中国传统书院教育的理念，结合现代大学的制度，配合未来导向的观念，希望能培育英才，提升青年的品质。

　　至于佛教的专门教育，也只是聊备一格，很少受到佛教界的重视，信徒的支持。一般而言，发心铸佛像、建佛殿，会有很多佛教徒响应；谈起开办英语班、办研究部，就很少有人关心。

　　早期佛教的僧青年，自身也犯了一个毛病：不肯接受教育。在佛教里，生活太容易，不识字没有关系，不懂英语、日语也不要紧；不会传教，没人怪你；不会看经，做苦工也很好。为人师者，也怕徒弟受教育，甚至阻碍他们受教育，唯恐徒弟的学问好、程度高，会看不起师父。

　　佛教徒不重视教育，实在令人惋惜。古代的高僧大德，不但通达孔孟老庄等哲学，更精通三藏。因此，我们不但要发心好好接受教育，更应该提倡、鼓励别人去受教育。如果信徒受教育，他就不会迷信，不会以人神感情为主，他会知道以整个佛教作为他护持的对象。如果是出家人受教育，他将来就能弘法利生，名副其实地像个出家人。

　　早期佛光山举办"僧伽夏令营"，对于每一位前来参加的出家众，都先作四事供养的准备，另外讲义用品等，全部免费供给；结训以后，每人再供养长衫一件。如果是几十年前我们在大陆参学的时候，知道有这样的优待，一千里的路途，走它一个月，就是夜里赶路也要赶去参加。为什么？因为我们常利用暑假，出去赶经忏法会，白天念经拜佛，晚上放焰口，一个多月下来（还是在最忙的7月），所有获得的俸钱，还不够做一套褂裤。那时候的生活，就是那么艰难。但是，现在寺庙的生活太容易了，这样的供养已不稀罕了。

"发展教育"的责任，还有待每一位佛弟子的发心，不断提倡、呼吁、鼓励，佛教的教育才能再成长、再发展。

六、进取创造

我们常常把佛教的菩萨比喻成青年。一般人看到的"罗汉像"有老和尚的样子，"菩萨像"却没有老人的样子，没有菩萨是长胡子的，也没有菩萨脸上有皱纹。为什么？因为菩萨是年轻人的象征。所以，我们要行菩萨道，必须常常鼓舞自己，发心进取、发心创造。为佛教成立念佛会、成立居士林、建设讲堂、兴办图书馆、设立幼儿园或托儿所，甚至创办大学、中学、小学等，并争取到乡村、监狱，或电台、电视等处布教的机会。

一个年轻人，要有热忱、有悲愿，有观音菩萨"大慈大悲"的精神，和地藏菩萨"我不入地狱，谁入地狱"的愿力，具备这种大乘佛教的悲心慈愿，就能生根，就能发挥力量。

我一生积极行菩萨道，若有朝山团、机关团体上山，要求我讲演，我总尽量满足其愿。"弘法是家务，利生为事业"，我们应该多多弘法布教，主动为众生说法。儒家讲"先天下之忧而忧，后天下之乐而乐"，其实佛教"无缘大慈，同体大悲"的精神，对社会的责任、对众生的承担，应该胜过儒家。为什么很多人走进佛教的大门,我们却不肯热心教化他们?看到社会上那么多的苦难,为什么没有悲心去救度?主要是佛弟子并未真正奉行佛法。

目前佛教界有一种现象,讲出世者,太过出世;讲入世者,又太入世。提到出世,则恨不得赶快离开这个世间,一刻也不能停留,不管众生疾苦,赶快参禅悟道,赶快念佛往生。慈航菩萨说:"若有一人未度,切莫自己逃了。"离开众生,自己逃跑,在佛法里是最不容许的。至于入世,成天只想在社会上、在名利里找生活,在人情上求攀缘,这又太世俗化了。

因此,我们进取创造,要以出世的思想,做入世的事业。有出世的思想,才不会为功利主义所束缚;做弘法利生的入世事业,才不会像槁木死灰,毫无生气。佛教讲中道,我们对于世出世法,在进取创造中,应该寻出一个中道的生活。

七、团结合作

常听佛教徒喊口号:"我们佛教徒要团结!要合作!"可是谈何容易?过去大醒法师讲演时曾说:"中国佛教徒只要有十个人合作团结,中国佛教就有希望了。"当时,我心里想:"十个人团结还不简单,集合几十位同学,这就是团结吗?"事实不然,当没有利害关系时,可以团结,一旦有利害关系,团结就很困难。

举个例子,有人提议100多位同学组织"台湾环岛弘法团"一起去布教。首先选一个团长,团长一选,至少有10个人不服气:"他当团长,我就不参加。"便有10个人退出不去。安排交通工具时,只有大车、小车两部车,有人就会计较谁坐大车、小车,又少了10个人。等到要演讲了,又会有人不愿布置,不肯准备桌子、凳子、讲台、麦克风等,计较谁来布置、谁来布教,于是又少了10个人。如此递减下去,最后都离散了。所以,有利害关系时,要团结实在很难。

早期台湾的佛教,也想过要团结。在台北,春节过年时举行团拜,以示团结,可是一年365天,只有一天团结是不够的;高雄市的佛教会,集合寺庙的住持,每个月聚餐一次,表示团结,不过,一个月聚餐一次,也不够团结。事实上,所谓团结,并非大家一起吃饭,一起团拜;你来我往,就叫团结。团结合作,必须对佛教的信愿、思想、事业有共同的认识,共同的发心。要团结就要分工,要分工就要合作。在佛教里,慈悲、宽恕、容忍之心太少;瞋恨、嫉妒之心太重,所以不容易团结,不容易合作。把私利看得太重,也不能团结合作。如果每一个人都不肯自我牺牲,又怎么团结,怎么合作呢?

所谓团结合作,并非要别人帮忙我们,有利我们,而是我们去利于别人,帮忙别人。我们要常常发惭愧心,自我检讨,我们的诚意够不够?唯有委屈自己,才能与人团结,必得自我牺牲,才能与人合作。希望我们佛教徒都能朝这团结合作的目标迈进。

八、重视人才

《觉世》中提到,今日佛教不能复兴的症结是嫉妒人才,而要复兴佛教,就必须重视人才。在社会上,以文学界为例,会写小说,是小说家;会写散文,是散文家;会做新诗,是新诗诗人;会写童话,是童话作家;会编剧,是剧作家。在一个文学领域里,专家学者就有这么多。如果是研究哲学的,这个人是研究老庄的专家,那个人是研究孔孟的专家,大家很容易都成为"家"。但是在佛教里,却没有办法成个"专家",成个"人才"。

佛法告诉我们,"要得佛法兴,除非僧赞僧",佛法要兴隆,要僧赞僧;大家要互相推崇,彼此称赞;要互相标榜,不要互相破坏;不可有"同归于尽"的心理,自己不行,也不希望别人好。

我们应提倡学有专精的人才,一技之长的专家。会办法务的,就是佛教的法务专家;擅长行政工作的,就是佛教的行政专家;有慈悲心,就是佛教的慈善家;会写文章,就是佛教的文学作家;会教书,就是佛教的教育家;会布教,就是佛教的布教家,如此,大家都可成"专家"。

许多人称我为"大师",这样的称呼给我带来许多麻烦;佛教长老印顺法师,门徒学生称他"导师",原也是很平常称呼,却被很多人反对、不以为然。其实,有什么不可以?他愿意以印顺法师做导师,为什么不能称"导师"呢?另外,慈航法师喜欢有人称他"老师"。"老师"的称谓也很平常,可是佛教界的人却不谅解,听到青年们称慈航法师为"老师"就不高兴,而把那些青年排拒于门外。抗战期间,太虚大师身在重庆,《海潮音》的主编福善法师发表一篇300多字的文章,里面有17个"大师",这也没有什么,却让大后方的佛教界甚为震动,全体攻击太虚大师。

其实,有三种人可以称"大师",第一种:太虚大师、印光大师、杨仁山大师、欧阳竟无大师等。第二种:比丘尼称大师,在中国大陆都称比丘尼为大师。还有一种,称专家为"大师",如张大千称张大师。

佛弟子要懂得这个道理,不一定把别人压低,让自己称心,才显出自己的伟大。如果佛教有专家,有人才,大家都可以沾光,相互成长，因为佛教讲因缘，如果彼此排挤破坏，就不会有所成就。除了上述的布教家、慈善家、行政家，如果会念佛，称念佛专家；会参禅，称参禅专家；会拜佛，称拜佛专家，大家都可成"家"，人人都可成"才"。这样才能显出佛教的蓬勃兴盛，团结合作。

　　佛教复兴的希望在哪里？主要在全佛教的大众，必须有新的观念，这些新观念就是要健全制度、自力更生、福利社会、提倡富乐、发展教育、进取创造、团结合作、重视人才。复兴佛教的希望，紧系在每一个佛教徒的身上！如果每一个人都有以上的观念和认识，则未来佛教的复兴就有希望了。

1977年5月4日讲于佛光山

佛教的未来观

未来是一个人人都能成佛的人生,
人人都能解脱证果的人生。
我们未来的世界,是一个涅槃的世界,
是一个净土的世界,是一个一真的法界。

  我们都希望有一个美好的未来,并且都希望能知道自己的未来是什么样子,因此就有许多算命、卜卦之事,企图借算命、卜卦预知自己的未来。问题是,假如我们能知道自己的未来,是好还是不好呢?肯定的是,知道自己的未来,知道自己即将发生的任何事情,对我们而言并不是一件幸福的事。

  例如我明天就会死去,但我不知道,我今天仍然活得很高兴。相反的,假如我知道我明天就会死,现在一定不会这么欢喜。或者,即使我知道自己的生命还有30年、50年,但是当我想到在某年某月某日即将死去,虽然时间还很长,仍然会感到恐慌。所以,知道自己的未来,并不幸福,甚至还是痛苦的。

  不过,我们虽然不用知道自己个人的未来,但我们应该知道整个社会、国家、人类的未来,因为这是很重要的。"未来",是我们的无限希望,人人都应该对未来抱着希望,为未来的希望而努力。所以，正确的人生观应该是"只问耕耘，不问收获"，我们虽然不知道自己的未来，但是应该努力改变国家的未来，改变社会的未来，改变全人类的命运。

佛教的教主佛陀，就是改变自己命运，改变人类命运的觉者，他所遗留在人间的真理佛法，也帮助现在的人去改变自己的命运。

未来是什么？未来像一个时钟，滴答滴答地往前走，走到什么地方停下来，并不知道。既然未来无始无终、无穷无尽，我们又何必斤斤计较于现在？现在、今生、百年的岁月，在无穷无尽的未来里，能占多少？希望正信佛教的人，不必求神问卜，也不必算命卜卦。因为，未来是没有办法预知的。假如一定要预知未来，那么，让未来掌握在我们自己的手中，让命运操控在我们自己的手里。

我们生活的"现在"是100年前、1000年前的未来；从现在以后100年、1000年，是我们现在所讲的未来。提到未来，好像神话一般。现代人生活中的电视、电话、冷气、飞机等，在100年前不是神话吗？而100年后，可能会有星际间生物的来往，可能可以将空气制造成食物。现在我们谈这些，不就像谈神话一样？

在很多的古书、小说，甚至佛法里常提到的具有天眼通的人，不管如何的障碍，都能看得很远；有天耳通的人，不管多远的声音，都能听得清清楚楚，对过去的人而言，这不是神话吗？但是现在，再远的地方，只要经过电视卫星转播，我们都可以看得到，这不是类似于天眼通吗？再远的人讲话，透过电台广播，透过电话，我们都可以听得到，这不是类似于天耳通吗？《天方夜谭》里的飞毯，人坐在上面，可以翱翔自在地飞往要去的地方；水晶球，你想看什么里面就会变什么，这不是神话吗？但是现在的飞机，不就像一张飞毯？电视机不就像水晶球？在当时好像是神话，而这许多神话最后都成了事实。

《阿弥陀经》里记载着极乐世界的庄严，黄金铺地，七宝楼阁，水和鸟都能宣说佛法。或许有人会怀疑，不过，看看现在的马路都已是柏油路面，数百年前，假如有人说可以用一种物质原料，将路面铺得很平坦，谁会相信？何止极乐世界的流水、飞鸟会说法，在美国圣地亚哥一个水族馆里，水不但会唱歌，还会跳舞；现在会讲话的鸟也有多种，如八哥、鹦鹉等。佛教不但讲过去，更讲未来，重视未来，因为未来是我们的希望。我们的未来是有呢？还是无呢？我们的未来是生呢？还是死呢？我们的未来都不是用有、无、生、死可以表达的，不过，未来是无穷无尽的。在很多的佛经中，常有佛陀为弟子们"授记"的记载，佛陀一一告诉他们经过多少时间后，会在某一个世界成佛，叫什么名号。授记，就是佛教重视未来的说明。

佛教讲"发愿"，佛教徒常发愿将来往生哪一个佛国，将来如何服务大众。发愿，是佛教重视未来的价值。佛陀说法，声音可以传遍三千大千世界。目犍连尊者曾想试探个究竟，便运用神通到很远的东方世自在王如来的佛国。到了那儿，仍然可以听到释迦牟尼佛说法的声音。当时世自在王如来正在说法，忽然有一个弟子把目犍连尊者抓在手里，向世自在王如来报告："佛陀，我们的道场怎么来了一只小毛虫？"世自在王如来的佛国，人身都很高大，我们人间的六尺之躯，在他们的眼中只是一只小毛虫，这时，世自在王如来说："不要这样说，这是娑婆世界释迦牟尼佛座下的弟子目犍连。"世自在王如来并对目犍连说："你不可以用怀疑的心，来试探如来的音声。"

其实,现在科学已经说明,不仅佛陀的音声可以传遍三千大千世界,就是我们任何一个人所讲的话,只要经过卫星转播,都可以传播到世界各个角落。

我们这一期的生命,从过去延续到现在,从现在慢慢走向未来。在未来的道路上,生命分段的生死,虽然只有几十年的岁月,但是生生死死,死死生生,一次又一次地往无尽的未来走去。当然,这个世界上,有些悟者的生命不只几十年,甚至不只几百年、几千年、几万年。

根据佛经记载,佛陀座前苦行第一的迦叶尊者,入灭前曾发愿言:"愿我身不坏,弥勒成佛后,我骨身还出,以此因缘度众生。"因此,他至今尚未入灭,正手捧释迦如来的衣钵,隐居鸡足山里,等待67亿万年后,当来下生弥勒尊佛龙华三会之时,将佛陀的衣钵传给弥勒佛。

67亿万年,是多么长的时间,我们人类的历史,以最悠久的中华民族而言,也只不过5000多年。可见佛教所讲的未来,意义是多么的深广。

佛教说到诸佛菩萨的生命,都是无穷无尽的,像阿弥陀佛又称无量寿佛,一般的天人,如无色界天的天人寿命最高能达到八万大劫。《阿弥陀经》里十六罗汉之一的宾头卢颇罗堕尊者,即俗称的长眉罗汉,据说他已活了2500年,到现在还活在人间,东晋道安大师便曾见过他。宋朝时,一次大风刮倒一棵大树,树里有一位出家人在打坐,头发和指甲长得好长,大家以为是妖怪,经过佛教人士说明,才明白是个人定的老僧,就用引磬请他出定。消息传出,皇帝立刻传旨召见，一一询问他的身世，才知道是东晋时代慧远大师的弟子，而慧远大师距宋朝已经1000多年。

佛教史上有名的诗人，现在仍为全世界人士崇拜的中国诗僧——寒山和拾得两位大师，他们是唐朝的高僧，但是他们的身体，至今还在浙江天台山里，因为当时有人见到他们两位哈哈大笑地走到石头里去，他们把身体投入大自然之中，与大自然同化，流传于永远。

现代人常常批评：某人太短视了，没有未来的眼光；因为现在是很有限的。也有人说，人生像一个舞台、像一场戏。有一副舞台对联说得好，上联是：

或为君子小人，或为才子佳人，出场便见。

下联是：

有时欢天喜地，有时惊天动地，转眼成空。

这副对联，真是把现代人生说得非常透彻。君子也好，小人也好，才子佳人也好，我们不需要好奇，立刻就可以看到，惊天动地也好，欢天喜地也好，马上都会过去。我们的希望是在未来。

提到未来的世界，也有人认为是世界末日，其实世界不会有末日，虽然佛法说人有生老病死，世界有成住坏空，但生老病死是生了有死，死了又生；世界是成了会空，空了又成；这是循环的至理，不会有完结的末日。

有人说，现在世界能源普遍缺乏，汽油用得太多，终究会把汽油用完，那时怎么办？不要紧，现在不是提倡用太阳能吗？就是太阳能用完了也没关系，我们还有一个心里的能源。更有人挂念，万一将来天掉下来怎么办？俗语不是说"天掉下来，有高个子顶着"

吗？未来也好，末日也好，天掉下来也好，我们信奉佛教的人不用怕，因为我们有佛法会帮助我们应付一切。未来将是什么样的人生？是什么样的世界？佛教的万经千论都告诉我们：未来是一个人人都能成佛的人生，人人都能解脱证果的人生。我们未来的世界，是一个涅槃的世界，是一个净土的世界，是一个一真的法界。以下从十个方面说明未来的世界。

一、从政治看未来

说到政治，最早是政权操纵在帝王手中的"君权时代"。逐渐的，这种君权专政——"家天下"的政治，难以让人信服。大家要求民主，经过一番革命争取民权，而进化为"民权时代"。发展到一个阶段后，大家发现：只是讲全民的权利还是不够，更应该争取个人的权利，因此进入到"人权时代"。许多国家还订有人权的纪念日。

如此发展下去，人们意识到世界不应只是讲民权、人权时代，未来应该是"生权时代"。什么叫"生权时代"呢？生权就是不只讲人类的权利，而是只要有生命的众生都有权利。

现在许多国家，已经开始为被滥杀的野生动物请命保护，例如在马路上，如果用摩托车将鸡鸭倒过头来运载，警察看到会罚款，原因是"虐待动物"。牛和马驮负超载，主人也会受到处罚，因为过度虐待动物。台湾南部恒春镇每年秋冬季节有很多候鸟，如红尾伯劳、灰面鹫等，许多居民设网捕抓，经过多年呼吁，现在台湾已经限制居民不可捕捉这些路过的稀罕客人。

人类越文明，越应该懂得对各种生命的爱护。加拿大的法律规定，钓鱼者钓上来的鱼，一尺长以上才准许带回去，不到一尺长的,须立刻再放回水里,否则就是犯法;荷兰政府规定,每年冬天,每一个人家的窗口,必须挂上水果杂粮,并且不定时用直升机在结冰的湖面上散撒面包屑,好让这些从北欧南飞过冬的候鸟有食物可觅。由这些可以看出文明国家对生权的重视和认真。

各界人士除了在重视各种动物的生存权利外,也开始重视被滥砍的坡地、被滥伐的林木、被滥采的沙石……主要目的是呼吁维护生态有机体的良性循环,以促进物我之间彼此的生存利益。所以,从政治上来看未来,生权的时代就要来临了。

二、从宗教看未来

在上古时代民智未开的时候,人们出于畏惧的心理,对自然界的各种现象,例如打雷有雷公,闪电有电母,刮风有风神,下雨有雨神,河水有河伯……凡是不了解的现象,都认为有一个神在控制主宰着,并且随着他们的喜怒哀乐而起舞,这是信仰上"自然宗教"的时代。

从自然宗教,人们进而对一些灵异现象视为鬼神显灵,生活上种种未知的事情如生老病死等,认为是神鬼在操纵,到处充满魑魅魍魉,这就是"神鬼宗教"的产生。社会上多少可怜的民众,以为我们的生活都是神鬼在控制着,而自愿给神鬼束缚,其实,这都是因为自己愚痴。后来,有一些英雄人物,如关羽的赤胆忠心,义薄云天;岳飞的英勇抗金,精忠报国,还有文天祥、郑成功……基于对他们敬佩的心态,于是为他们设立祠庙,希望他们英武的气概可以继续保卫民众,因而产生了"英雄宗教"。

随着科学的发达,人类了解一切事物皆其来有自之后,上述的宗教不再能满足现代人的需要,讲究缘起性空、因缘果报的"真理宗教",即成为未来大众信仰的目标。所谓真理的宗教,它的教义必须是历万古而长新,具备普遍性、必然性、平等性的特质,这样的信仰不是迷信的、神话的,而是人生的、生活的,它能够为人指点迷津,能够让人安身立命,不是玄谈,也不是清议;它的教主必须有史可考,道德高超、行为清净,而非凭空捏造的对象;它的事业必须是引人入善、福利社会,在"真理宗教"的引导下,人类心灵净化,眼界开阔,福慧日增,生活内涵品质提升,世界充满光明喜悦。所以,未来的宗教,必定是一个真理的未来。

三、从社会看未来

人类社会是逐渐演进的,以中国为例,最初的社会是以"家族社会"为基础,随着男婚女嫁、族群繁衍,从家族慢慢扩大为"宗族社会";邻近的地域,相似的语言、风俗、习惯、血统等人群凝聚后,就扩大为"民族社会"。

19世纪后,许多国家以民族主义为口号,号召民众挣脱殖民地的桎梏;孙中山先生即以推翻清廷专政,缔造民国,建立一个民族、民权、民生的三民主义国家为奋斗目标。到了20世纪末,苏联、东欧许多国家政权纷纷瓦解,逐渐转变为追求自由民主的国度。

时代发展下去会是一个什么样的社会?是一个"佛族社会"的来临。何谓佛族社会?释迦牟尼佛在2500多年前即宣布"大地众生皆有如来智慧德相"、"四姓出家,同为释氏",佛陀所组织的教团,称为六和敬的教团,就是以和平、安乐、清净为基础,将人间创造成一个安和乐利的净土。

我们可以看到,现代各民族社会战争频仍,苦难连连。大家日渐体会到民族间的和平相处,必须拥有互存共荣的理念、互助互重的雅量,而且唯有采取和谐会谈、沟通交流的方式,才有自他"双赢"的局面;大家体认到过去"物竞天择说"将被"互助合作说"所取代,举凡社会经济、文化、环保、能源等,都必须透过通力合作方式,得以互惠互利。未来"同体共生"的社会,将为新世纪的时代带来欢喜与融合。

我们祈祷以正知的真理来引导群迷,远离邪说乱源,让真理的光辉普照全世界的人类,宗教的佛族社会早日来临。

四、从经济看未来

中国历史记载着,我们的祖先最早靠牧业维持生活,形成"牧业经济"。逐渐有组织后,便进入"农业经济"。从农业经济再迈向"工业经济"。工业经济的来临,使得我们的生活产生很大的变化,汽车、电话机、空调、冰箱……这些工业经济的产品改变我们的生活形态,工业电气化完全掌握我们的生活,让我们离不开工业。

工业经济发展下去,会是怎样的经济形态呢?是一个"心业经济"的来临。所谓"三界唯心,万法唯识",工业产品再方便,总也是个物累。例如汽车代步固然方便,但抛锚时就麻烦了;打电话固然方便,但引起的误会何其多。现在我们看电视不需要用手去开关,只要遥控器一按就能换台;早上起床,不用冲牛奶,也不必烤面包,在床上一按电钮,机器就把牛奶、面包送来了……尤其计算机科技的进步,改变人类的传统生活方式,提供种种服务,如金融、医疗、休闲、娱乐、文艺活动等。

未来发展到心业经济的时代,连遥控都不需要,只要动个念头就好了。如佛经中记载,极乐世界众生的生活——"思衣得衣,思食得食",要穿什么样的衣服,自然就穿起来;要吃什么,食物立刻呈现眼前。所以未来的经济,必然是随心所欲,举心动念就可以获得的。

五、从生活看未来

早期的人每日辛勤劳动,不断地工作以换取日用所需,只为了满足"物质生活",而没有其他的要求。

随着时代的进步,物质文明带来生活的丰裕、方便后,人们逐渐感觉到"精神生活"的需要,从阅读获得更多的知识,从美化生活气氛,获得感情的适意。接着也有人更进一步追求"艺术生活",画家、文学家、音乐家、舞蹈家……的创作,为人民的生活增添了许多美感、文艺的色彩。

有了物质生活与精神生活之后,有人还想追求超越物质和精神的生活,如中国禅僧寒山、拾得那种洒脱、自由,不为物质所拘,不为精神所劳,一切皆是本来面目,过着自由自在、洒脱、自如的"超越生活"。曾有人说,西方国家的嬉皮士就是研读流传世界各地的寒山诗后,深有同感,生起模仿的心。可惜他们没有人指导,不懂得超越必须先从内心净化开始,只学到外表的疯疯颠颠,非但不是超越的生活,反而变成一种疯狂。

从生活上看未来,我们的生活应是一种"中道的生活",所谓中道的生活,不完全偏于物质,因为偏于物质会过于热烘烘,被物欲冲昏头脑;中道的生活也不完全偏于精神,因为只是精神的生活,过于冷冰冰,而没有生气。意思就是不要太过入世,也不要太过出世,所谓"以出世的精神,做入世的事业",就是"中道的生活"。

六、从交通看未来

人类的交通,从最早陆上的车辆、海中的船只,渐渐发展到空中的飞机。现在科技文明进步,地球上的人类进而向其他星球探索,发明了登月小艇、航天飞机等种种超高速的交通工具。想想我们未来的交通将会如何进步呢?

有人说,未来的交通不用坐火车,不必坐船,也不需坐飞机,只要身上背一个背包,将背包的机关一发动,就腾空飞行。又有人说,只要一双鞋子,鞋跟后面的开关一发动,就能腾云驾雾。无论背包也好,升空的鞋子也好,还是太慢,还是累赘,我们的未来是一个"神游的交通"。

所谓"神游",并不是做梦,也不是梦游,就像今日通讯的发展,网络的方便,西半球发生的事,东半球同时可以得闻;分隔两地的会议,通过电脑视频,可以同时展开交流,不必亲临现场,却可以同时恭逢盛会,这也是"神游的交通"的一种,它带领人类走向"天涯若比邻",没有阻隔的世界。

极乐世界的大众"盛众妙华,供养他方十万亿佛,即以食时,还到本国",在极短的时间就能周游十方诸佛国土,在观想里可以遨游世界。未来,如果神游想到美洲、欧洲,心立刻就会到达。未来无限美好,不仅能遨游世界,还能到其他星球,甚至神游十方诸佛国土。

七、从教育看未来

教育是人类进步的基础,由早期一个老师教几个学生的"私塾教育",到许多学生集合一同学习的"学校教育"。为了因应不同的学生,于是又有所谓"函授学校"、"空中学校"的产生,借着邮政、广播电台、电视的传播吸收知识。甚至,在知识爆炸的现代,提倡终身教育,发展出"远程教学"、"网络教育",更让学子能够便捷地学习各种知识。

空中教学、网络教学虽然方便,还是必须运用电视机、收音机、电脑等种种器材,还是受限于固定的教材和固定的时间。

未来的教育,将会是一种"万有教育"。所谓"万有教育"是从人与人之间的联谊,人与物之间的交流,体会万事万物与我们一如的教育。

"溪声尽是广长舌,山色无非清净身"、"青青翠竹,皆是妙谛;郁郁黄花,无非般若"。万有的教育,需要用心体会。看花,花就为我说法;看房子,房子也会和我讲话,一如极乐世界,树木、流水、飞鸟都会说法……世界上的一切,无不演说真理妙谛,无不给予我们教育的启示。只要用心体会,宇宙万有都是最好的教材、最好的教育。

八、从世界看未来

过去的人,由于受限于交通,只知道有自己的国家,对于自己国家以外的世界全然不知。就像过去中国人称一己为天下,其他皆是"蛮夷之邦",直到八国联军的大炮濒临家门,才醒悟国外有国;以往欧洲国家自视甚高,直到马可波罗将他的游记记录成书,西方人士才知道还有物阜民丰的中国等。随着科技的发达,人们不再囿于自己的国家,还知道有其他的国家,从亲身观光、传媒报道得知,还有其他的世界,甚至还有十方无量的世界。

进一步探讨,未来将会是一个怎样的世界?那是一个"虚空的世界"。我们所认知的世界,将从有形的世界到无形的世界,从外在的世界到内心的心界,它不再是课本上生硬的知识,而是日常生活见闻觉知的体验。我们要从"心"去追求,心有多大,世界就有多大。

如果你的心只有一个家庭,那么,一个家庭就是你的世界;你的心有国家存在,国家就是你的世界,慢慢地扩大,法界之内皆在我们心中。体证"心性以外,大地无寸土",我们的世界就是虚空,虚空就在我们心里,所谓"心包太虚,量周沙界",体会虚空中的一切万有都是我们的,就能了解我们是多么富有。

我们也能体会到:所谓众生,是我心里的众生,所谓宇宙,是我心里的宇宙。一切一切,时时处处都是我的,那实在是一个美好、富有的世界。

九、从人生看未来

对于人生的看法,有的人只重视今生,以为这一期生命结束,一切就归于空无,因此及时行乐,过着"今朝有酒今朝醉"的生活;有的人想到有来生,所以不但为今生辛苦,还要为来生打算,努力培福积德,服务人群。

慢慢地人们发现,只有来生是不够的,因为除了来生,还有无量无数的后世，后世要做的事情很多，有待我们好好计划、好好实践。今生、来生、后世，这样的未来还是不究竟，我们所要追求的理想是"无生的未来"。

什么叫"无生的未来"？现在的我们，在生死苦海里沉沦，死死生生，生生死死，无有尽期，怎样才能究竟解脱呢？唯有证得"无生"。无生，就是没有生死。透过修持，了解生命现象有生老病死，五趣轮回，但是我们的真如自性却是不生不死，永恒自在。

例如念佛，念到往生极乐世界，就能证得"无生"。往生，是"生"而不死，与一般的生死是迥然不同。一般人见到某人家生小孩，便好生欢喜，证得般若智慧的人看到却要哭泣，因为他体悟到"有生就有死"。

最好的未来是"无生"，就是佛教所谓的"涅槃世界"，体悟这种不生不死的世界，就能灭除心中的动乱，而在不断地喜舍奉献中，享受随缘放旷的自在生活。

十、从佛学看未来

太虚大师把佛学在印度流传的最初 1500 年，划分成三个时期，第一个 500 年名"小行大隐时期"，小乘佛教盛行，大乘佛教隐晦；第二个 500 年名"大主小从时期"，大乘佛教风行，小乘佛教隐藏；第三个 500 年名"密主显从时期"，密宗盛行，显教隐藏。

佛教传入中国至今已有 2000 多年，大致可分为六个时期，第一个时期是东汉、魏、晋、南北朝，这时佛教初传汉地，称为"东传译经时期"；第二个时期是隋唐时代，此时天台、华严、三论、法相、律宗、禅宗、密宗、净土等八宗大放异彩，谓之"八宗成立时期"；第三个时期是五代赵宋时代,此时称为"禅净争主时期";第四个时期指元、明、清时代,称为"宫廷密教时期";第五是清末民初时期,称为"经忏香火时期";第六个时期是现在提倡,未来将发展的"人间佛教时期"。

人们逐渐发现,无论小乘、大乘、显教、密教,都是佛陀"示教利喜"的本意,于是共同服膺三法印、四圣谛、十二因缘等真理。走过佛教兴衰,人间悲欢,大家发现,唯有回归佛陀的本怀,弘扬以人为主要对象的佛教,才能裨益世间,造福人群。

所以,未来是一个大小兼弘、显密融通、人生普济的"人间佛教"的时代。这也是佛光山所重视的生活佛教。人间佛教主张因缘果报,注重五戒十善,强调六度四摄,讲究慈悲喜舍;具备人间的生活性、喜乐性、时代性及普济性的特色。未来,在人间佛教的推广下,人人都会懂得佛法,懂得生活的佛教,懂得命运是操之在我,而建设一光明、幸福的"人间净土"。佛教讲"业",业,有善业,有恶业,人之所以不断地生死,就是"业"在维系着我们的生命。一期一期的生命结束,就像一根一根的木材烧完再递补,生命之火会一直延续下去,因此佛教业力的学说,让我们对未来有很大的信心。在佛教信仰的普及下,大家能够"诸恶莫作,众善奉行",未来的前途必定是光明、美好的。

我们的未来是自由的、民主的、和平的、幸福的,想想未来的日子是这么美好,但是怎样才能获得呢?怎样美化我们的未来呢?我用佛法的观点归纳如下:

第一,要未来能自由,必须做到六点:

1. 对别人的生命不可以杀害。

2. 对别人的财富不可以侵占。

3. 对别人的身体不可以冒犯。

4. 对别人的信用不可以破坏。

5. 对别人的拥有不可以嫉妒。

6. 对别人的生活不可以干扰。

每一个人都能做到以上六点,不就是人人自由吗?

第二,要未来能民主,必须做到六点:

1. 任何时刻要互相尊重。

2. 任何时刻要奉行法治。

3. 任何时刻要公正无私。

4. 任何时刻要分工合作。

5. 任何时刻要容纳异己。

6. 任何时刻要赞叹随喜。

第三,要未来能和平,必须做到六点:

1. 在瞋恨之处散播慈悲的种子。

2. 在仇视之处施予宽恕的谅解。

3. 在怀疑之处培养信心的力量。

4. 在黑暗之处点燃般若的火花。

5. 在失意之处提出明天的希望。

6. 在忧伤之处增加喜乐的安慰。

第四,要未来能幸福,必须做到六点:

1. 对他人要有喜舍的布施。

2. 对世间要有感恩的美德。

3. 对物质要有知足的修养。

4. 对处事要有结缘的认识。

5. 对生活要有勤俭的习惯。

6. 对佛法要有发心的修行。

以上就是美化我们未来的最好方法,我们的未来能不能自由、民主、和平、幸福,有赖于每一个人共同的努力。

1981年11月16日讲于台北"国父纪念馆"

佛教寺院经济来源

在佛教里,个人贫穷不要紧,团体却不能贫穷,
对于佛教的经济观,我们需要重新评估其价值。

　　人类的生存,总说起来就是一部经济史,从出生、成长、衣、食、住、行,乃至种种计较,都是为了满足自己的欲望。动物和人类不同,动物没有经济的预算,吃饱就睡,巢居之外并无他求;人类则不同,物质生活以外,还需要处理、计划各种经济情况。

　　千年以来的佛教,总给予佛教徒一个错误的观念,以为"贫穷才是道"。我在少年时,看到老和尚穿了好衣服,外面一定加一件补过的衣服;住的条件本来可以比较好,他却故意把它破坏;饮食应该要正常,却非要把东西摆坏了才吃,以为这样才是修行。

　　清贫思想本意是很好,拿来自我要求,是一种道德;但若以此要求别人,就是罪恶了。经济是人类道德的基础,所谓:"仓廪实则知礼节,衣食足则知荣辱。"生活达到某种阶段后,人们会进一步讲究礼貌、仪表、大方、气质;如果连最基本的物质需求都不能满足,他可能会以偷、抢,甚至耍无赖来满足生活所需。我们不凭财富的

多少来论其人格、道德,但是基本的经济条件却很重要。

我们参观世界各国的博物馆,天主教主教的帽子、权杖、法衣,都以黄金、白银制作;反观佛教的博物馆,高僧大德的展览物大都破烂不堪。世间,一般人嫉妒富有者,赞美清贫的人。可是,在佛教里,个人贫穷不要紧,团体却不能贫穷,对于佛教的经济观,我们需要重新评估其价值。

财富,有清净的财富,也有罪恶的财富,所谓"君子爱财,取之有道",我们不要个人的财富,但是佛教需要净财。清净的财富没有不好,它包括了外在的财富和内心的财富。寺院建得多大,拥有多少物质,那是心外的。内心的财富呢?内心的财富是道德、慈悲、佛法,这种财富更重要。我们有一时的财富,也要有永久的财富。

财富不是简单一概而论,不能随便说有、没有,要、不要。现实中个人财富的多、寡还是小事,重要的是,我们如何拥有共有的财富,让佛教、让大家都富有。因为没有净财,如何弘法?如何安身立命?佛教的金钱因为是十方来,十方去,基本上是大众所共有的,因此,要善用净财,对财富要有健全的观念。

一、佛光山的经济观念

(一) 以智慧代替金钱

佛光山开山以来,我们就提倡"用智慧代替金钱"来庄严道场。例如不二门及灵山胜境的地砖都是以水泥砌成;大雄宝殿的丹墀、华藏玄门、同登法界,以及选佛场、云居楼等,整个景观也都只用水泥砌成,没有花费太多的装潢材料费,乃至来山的游客反映:"怎么大佛都是用水泥做的?"其实,佛光山的建筑不是很精致,因为我们的能力如此,先求其有,再求其精;也不必只由一人完成,净土应该是大家所共同庄严成就的。

常常有许多报纸、媒体、电视记者,要求访查本山的账簿。我告诉他们:如来殿四楼和云居楼二楼的功德陶壁,就是我们的账簿。因为每一位捐赠者,我们都会把他的名字镌刻在墙壁上。我告诉他们:寺院财务的经理人,不是会计,也不是出纳,是"因果",寺院的监督也是"因果",因为佛教有因果观念,出家人和一般旁门左道者拥有财富的想法不一样,他知道寺院的净财是"十方来,十方去",因此,对钱的使用有慎笃的精神、有常住的观念。如果说某位法师有钱,那也等于是寺庙的钱,不是拿来重新建设佛殿,就是建藏经楼,都是用在建设寺院,不会用到他处。

(二) 有权者不可以管钱,管钱者没有权

在佛光山,有权的人不可以管钱,管钱的人则没有权,以"钱"、"权"分开,作为管理财务的准则。从我自己、心平和尚,到现在的心定和尚、慈惠、慈容、依空等几位长老法师,他们都没有钱,常住的钱由专门负责的法师管理。

(三) 回归常住,利和同均

什么是"回归常住,利和同均"?例如:本山别分院法师回山报告汽车坏了,信徒买一部车子送给当地常住使用。别分院的法师必须把车子交回到本山,由总本山分配,不能因为经常与信徒往来便近水楼台先得月。又例如在朝山会馆、客堂的知客法师,收到信

徒赠送的电脑、电视机等,都要交给常住统一分配,因为僧团讲求"利和同均"。如果没有经过这样的处理程序,那就是不清净、不如法。

我们常讲"光荣归于佛陀",如果我们今天做了什么事情而获得荣耀,那是秉持佛陀的教法所致。"成就归于大众",什么事做得很好、很成功,这是集体创造的成果;"利益归于常住",哪一个人收了红包、得到利益,要归于常住,因为我的一切都是常住给予的。

(四) 储财于信徒

现在台湾寺院的经济不像过去的中国大陆的寺庙靠田租,靠房地产,台湾寺院大部分依靠纳骨塔、法会、信徒护持等。因此,信徒的钱不能随便乱用,我们储财于信徒,让信徒储蓄充足,平时不轻易化缘运用,等到需要时,信徒就会支持。如果平日向信徒化缘得太过头,等到需要用时,他也没办法帮忙了。

(五) 吃万家饭,不吃一家饭

除了不轻易向信徒化缘,我们更主张化小钱不要化大钱。当初,建设佛光山时,捐献者最多1万元,1万元以上者很少,大部分都是靠着"每人1元"累积而起。甚至后来筹建南华大学、佛光大学,我们主张"百万人兴学",即每个人每月赞助100元,让广大的社会大众都有能力参与建校;举行法会则不订价位,让来者随喜功德。

佛光山开山的时候,万分困难,曾有一位美国信徒赞助5000万元,我婉谢他的好意。我们不要信徒出大笔钱,因为一般人出多了钱,容易生起执着、计较,又因为他捐赠那么多,我们凡事也必须尊重他、牵就他,许多的弘法理想、志愿、抱负,就没有办法实现。如果信徒随缘捐赠,大家集体创造,不会执着,也不会计较。

所以,寺院要吃万家饭,不吃一家饭,意思是经济来源要靠十方众生,不要只依赖一家。亚洲有些国家的佛教寺院,部分出家人有吃一家饭,不吃万家饭的情况,这是很令人惋惜的。

(六) 不和信徒共金钱来往

出家人不和信徒共金钱来往,自古以来即有所谓好朋友不共金钱来往,在佛门也不可和信徒有往来借贷的关系。假如共金钱来往,对方倒闭,出问题,彼此便会结怨伤感情。身为出家修道者,忧道不忧贫,我们不一定要有钱,但是我们一定要有"道",因为"道"比钱有用。我以"无"为"有","无"比"有"更多。"有",则有穷、有尽、有相、有量;"无",则无穷、无尽、无相、无量、无边。从"无"里找寻"有",是"不要"而"有"。

(七) 不私自化缘

佛教常常化缘,化缘很好,"缘"这个字很美,是佛教的真理。佛陀在菩提树下开悟,证得的宇宙人生真理即是"缘起"。我们对社会世间要先结缘,不要老是化缘,没有先结缘,哪里有缘来化?我提倡跟信徒化缘,要化人心,以喜舍的心共成美事,大家彼此欢喜,财法二施,才能等无差别。

不要私自化缘,是指个人不要常常跟信徒要这个,要那个。所以,在佛光山,是不准私自拜托、私自化缘、私自建庙的。

二、佛教寺院的经济来源

勤俭、开源、节流是经济发展的不二法门，佛门的经济也是如此。其次，一般佛教寺院经济的来源有哪些？归纳有以下十六点。

（一）庙产收租

过去的中国大陆寺庙丛林都是靠田租、房租维持常住所需，例如常州天宁寺，每年需要二三十位庄主外出收租，大约半年才能回来。我住的焦山，光是收租的船，就有十几条船，每天进出，运不回来的农作物，就在外面变卖。因为寺院的田地差不多有台湾的几个县大，甚至附近几百里内也都是他的田地，这是由于过去皇帝不是只供养某一块地，有时是拨一个县或几个县给寺庙。像天宁寺、金山寺，收一年的田租，往往可以维持两三年。

1948年，有人把南京的华藏寺交给我们管理，还包括几条街的房子。但是我没有福报，接受以后，南京市的人纷纷逃难到香港、台湾，那许多房子空了下来，没有人住，也就收不到租金。假如不是这样的时局，我现在可能在中国大陆拥有许多的房地产。

所谓"前人种树，后人乘凉"，前人拥有田产、房屋等许多东西，子孙不劳而获，得来太容易，对子孙好吗？我认为靠自己勤劳所得的比较踏实。

社会上有些人也主张积德给子孙，不要把钱财交给子孙。因此，我建议，可以鼓励在家的信徒们把遗产交给佛教做宗教、公益事业，对本人好，对他的子孙好，对社会好，对佛教更好，佛教可以成立财团法人，将它用之于大众，等于协助信徒处理财产。

不过，佛教本身不要积蓄财产。基本上，没有钱比较容易和合相处，人类的个性，共患难比较容易，共富贵比较困难。在佛光山，没有人喜欢做当家、住持，为什么？因为他知道没有钱。如果有钱，就有所争执，比较麻烦。没有钱很好，你来、他来，大家都可以参与，大家一同想办法筹钱。

所以，我认为寺院不要有太多的积蓄，佛光山开山时期，大家辛苦建设。开山完成以后，又陆续开办出版社、杂志、佛学院、佛光缘美术馆，和西来、南华、佛光、南天、佛教等大学，以及人间卫视、人间福报……种种佛教事业。佛光山不储财、存钱，没有钱就不会有意见，不会有争执，大家同心协力把所有的钱用在各种弘法利生的事业上。

(二) 经忏佛事

古代的高僧大德立志："宁在蒲团静坐死，不做人间应付僧。"出家众也并非都不诵经。我们到殡仪馆、太平间念经，是结缘，是帮助别人的，如果出钱讲价，则与我的志愿相违。

我初到宜兰时，台湾水泥公司常务董事的母亲过世，县政府社会科科长告诉我："法师，林夫人过世了，你去拈个香，你建讲堂所用的水泥，他们会全部捐献。"

这原本是一件结缘的美事，但一听是这样的买卖，我当下拒绝。第二天，另一位老太太往生，我心甘情愿去为她主持诵经、告别式，甚至走路送葬。我觉得佛法的可贵是无价的，它不是用条件可以交换的。未来的法会佛事应订立一个原则，如果信徒心里存有"我平常供养你，将来我往生，你帮我念经。"这样的观念是不如法的,佛法不讲代价,应该是服务的。

佛事的进行不要过分,不要铺张,应以简约、庄严、隆重、纪念性为要,以为亡者做修桥、铺路、捐献种种功德代替诵经超度,不但节省丧葬费用,也为社会做好事。另外,也可以提倡集体超荐,不需大费周章。佛教应该慢慢引导社会改良风俗习惯,不可助长社会一些不当的要求。

(三) 灵骨塔

自古以来,中国大陆的寺庙不单给人供奉灵骨,并且提供给人停棺之用。又如过去基隆极乐寺就是提供停棺,高雄义勇寺也有停棺的服务。因为,过去的风俗,是家里有人往生,往往要等到某人回来才能埋葬。以前的交通不方便,可能等个半年、一年才能安葬;或是特别看风水、日期,看好了才可以埋葬,所以就借寺庙停棺。其实,佛教不应助长这些迷信,应该帮助信徒建立日日是好日、处处是好地的观念。

从历史上看,寺院的灵骨塔是一种慈善事业,是对社会大众的服务、贡献。佛教的灵骨塔和商人建灵骨塔不一样,寺院里早晚有人诵经,平时有人管理,春季、秋季都会举办祭祀法会。寺院可以建灵骨塔,因为人生无法避免生、老、病、死,佛教应该替信徒服务。比方美国西来寺也建有玫瑰陵,为什么?虽然美国有好多美丽的墓园,但是许多华人往生,亡者的家人却宁可把他送到西来寺。他说:"师父,我的爸爸不会英语,跟那许多外国人住在一起不能沟通啊!"他的想法没有错,同一个文化、语言、风俗习惯,成为同一个民族,他最后的归处,也会选择和自己同一种族的地方。

经营灵骨塔是学习菩萨道,尤其灵骨塔的安奉,是人一生的最后一站。它可以让我们学习"无大无小"的精神,出家人务必记得,我们是为信徒服务的,所有的佛事是义务的、是奉献的、是随喜的、是与对方结缘的,不可以上班的心看待。亡者家属可以供养,但我们不能订价,佛法无价,再多的金钱也买不动我们,因为佛门有佛门的价值观。

(四)法会油香

台湾佛教举办法会的情况很普遍,所谓"法会",应该是以法为会、以法为师、以法为轨、以法为乐,法会一定要说法、弘法,否则只能称"斋会",只是来吃一餐。

法会有教育的意义,说法的内容包括如何培养正知正见、三世因果、业力报应、群我关系、怎样做信徒、怎么在家修行……其教育意义更为重要。

寺院可以举行法会,但不特别发请帖通知,因为信徒可能一场法会同时收到好几家寺院的请帖,这家也应付,那家也应酬,造成他们的为难。若要公告,则在寺院门口贴布告即可。

法会,是度众的方便,可以借由共修,增加内心的力量,促进彼此的联谊。几十年前台湾地区政府下令取缔祭拜,我曾写一文章议论:"可以改良祭拜,但不要取缔。"为什么?许多老百姓一年辛苦赚钱就是为了祭拜,花了钱之后,他又继续赚钱,因为明年还要祭拜。看起来似乎很浪费,可是他的生活有这个需要,社会有这个需要。如果政府不准他祭拜,他会觉得,人生一点乐趣都没有,我是小老百姓,辛苦生活,你们是大官,天天过节,举办各种节庆,我们却连祭拜都不可以。所以，站在社会问题的角度，祭拜无可厚非，但可以改良。

因为台湾佛教寺庙太少，出家人不够，许多百姓面临问题，没有人帮他解决，只有找神坛。许多神坛会从事生理与心理的辅导治疗，与民众生活息息相关。今后，除了神坛人员应有完善的培训课程，自清自律，纳入正常轨道的专业学院外，佛教还可以加强培养出家人，加强弘法的功能，增加更多的宗教师，社会自然能净化。

寺院是社会的联谊中心，信徒发心添了油香，如同拿到将来往生天堂、西方净土的签证，他的心里会有希望、依靠，这是一个道德、信心汇聚的地方。

寺院的出家人是佛教的专职人员，是信徒和佛祖之间的桥梁，因此，信徒到寺院添油香，身为出家众也要为信徒添油香，代表佛祖给他一点赞叹，给他一点鼓励，给他一些欢喜。结了人缘，人缘里才有财富；把欢喜给信徒，信徒才会把净财捐献给佛教。

（五）信徒供养

信徒有布施供养的心，但是出家众收到信徒供养的红包，应该抱着什么样的心态？因为无功不受禄，细想我们何功何德？拿到信徒供养的钱，应该替他具名做佛事，或用于佛教事业等。我经常拿到信徒的红包，都觉得很惭愧，不知如何感谢。后来，想出一个方法，这只手来，那只手转出去，让净款能获得灵活地运用。

有时信徒捐献1万元、10万元，我可能即刻就忘记了，但是，假如他买一本书或杂志，可能我会记得几十年，因为他了解佛教需要文化教育来推动。所以，经典记载："诸供养中，法供养为最。"又说:"三千大千世界七宝布施,不及四句偈。"信徒给我们财布施,我们则要给他们法布施。

慢慢地,信徒的捐助有了代价,例如他到寺院祭拜希望获得纪念品,布施多少钱,也希望有一张奖状以为鼓励,其实,这样就变成有价,而不是无价的功德了。

有时候也有不得已的情况,像过去倓虚老法师盖寺庙时,曾经遇到困难,于是发行奖券,5元钱一张,让大家共同投资,以这样的方式把寺庙建起来。然而,这是方便法门,只能偶尔为之,不可以常常为之。

(六)素斋筵席

寺院的素斋筵席,即代办素斋,也可以作为经济来源之一。台湾许多素食馆都是一贯道信徒所开办的,这些素菜馆给吃素的人很大的方便和帮助,可以说是一贯道对台湾佛教的贡献。我们应该想想如何规划经营素食,提供素食者一个服务?如素菜工厂、素菜餐馆、素菜加工等。提倡素食,对于现在讲究环保、生态的社会,必定也是一种时代需求。

不过,令人奇怪的是,佛教的素菜至今都无法煮出一个标准,不像西洋的汉堡包、比萨饼,走到全世界哪个国家,全部都一样。佛教界的素菜,千奇百怪,这一家和那一家的青菜煮法都不一样,没有统一的标准。

过去有人诟病,素菜做成荤食的样子,或叫荤的名字,如素火腿、素鸡、素鸭等。佛教既然不吃荤,为什么要叫荤的名字,做成荤食的样子?其实,这是给有心食素者的一种善巧方便,一方面借此逐渐适应素食的习惯，另一方面，在祭祀的时候，用素鸡、素鸭代替荤食，满足一般家庭祭品必求丰盛的心态。

对于修行人而言，素食的精神，主要在培养慈悲心，为了避人讥嫌，今后还是避免用这些名称，以免失去素食的意义。

可喜的是，台湾的寺庙大都很有供养心，不怕人吃，不过，除了吃素菜，还是需要举办座谈会、小参等种种课程，以接引信徒学佛。

（七）募化道粮

佛门里有募化道粮的情况。像我刚到台湾时，就提倡农历七月的盂兰盆会，为信徒供僧的僧宝节。因为我觉得，那时候出家人普遍不受到重视，假如提倡供养，出家人受到尊重，他会自尊自重，会想到怎样把出家人做好。

事实上，供僧不是供一时，是供长久的；不是供一餐，是供全年的；不是供一人，要供十方的；不是供现在，是供未来的；不是凑热闹，是供道学的。供僧，是要给予僧众、信众一个讲习的机会；聆听高僧大德的见解看法，可以扩大自己的理念和见解，彼此观念沟通，交换参学心得，如此的供僧才有意义。

供僧的钱，如何报账？这是必须征信于信众的。记得我们刚到台湾时，办一本杂志，每个月收的捐助，都要结账；每个月印刷费多少、邮寄费多少、纸张费多少、结余多少，都要刊登出来昭示大众。现在，慢慢地失去公信力，容易引起一些弊端。虽然信徒抱着"钱进山门，福归施主"的观念，但是，信徒不问、不管，这是他客气，我们寺院出家人不能当福气，凡事还是得要求清楚、周全。

有的寺庙只有一个人,也急急忙忙地跟信徒募集道粮。其实,劝募道粮应由大众道场来办,劝募来的道粮,或者办学,或者办道,或者举办有益于大众的活动,如此,才不辜负信施。

(八)农产工产

佛教从印度托钵乞化为生,到了中国,由于社会民情风俗、气候环境的不同而有了改变,最大的改变,就是创设"丛林",发展出自己耕种,自食其力的农禅生活。所谓"农禅生活"是指种植树林、种田、种菜、种茶,效法百丈禅师"一日不作,一日不食"自耕自食的精神。到了近代,太虚大师提倡工禅生活,不但务农,还可以做工。

过去在唐朝时,律宗的人反对耕种,理由是"我不吃锄头下的菜"。其实也不要矫枉过正,基本上,蔬菜有生长的机能,没有心识活动,如果硬说吃蔬菜也是杀生,那是不对的。

从农禅发展到工禅,工禅就像经营佛具店、法务、法器、僧衣、僧袍等,我们寺院不做,可以鼓励信徒经营,帮助他流通推广。

几十年前,一位住在台南的鞋店老板卖给我一双鞋子。我问他多少钱?他说:"25元!"我用一双30元的价格向他请购。他说:"不行,你为什么要多给我?"我说:"我不是为了你,我是为了我,因为你不赚钱,今后就没有人肯做了。"他说:"别人都还价到15元、20元。""还价了以后,你不做,我们就没有鞋子穿。我现在给你30元,你赚钱,品质改良,鞋店扩大,出家人买鞋就很方便了。"

我觉得佛门讲的因缘,有时候不是现世看得到的,因缘果报,关系重重无尽,唯有相互帮助,彼此才能共成美事。

(九) 标会贷款

台湾社会至今还存在"标会"的民间经济制度(中国大陆称合会,一种民间信用互助方式),各地的寺庙也不免以这样的方式经营寺院,甚至,不少的寺庙是靠标会建起来的,像早期的高雄寿山寺即是。有些信徒愿意帮助,但是跟他化缘不好,可用标会的方式增加佛教的经济财源。

不过,这是到了没有办法时的权衡之计,等到寺院经济稳固,就不能这样做了。

佛光山的各分别院,都不许和信徒共金钱来往,不借贷,也不标会,如此才能清净,别人不倒我们,我们也不会倒人家。如果把钱存到银行,靠利息生活、养老,什么事都不做也不好,最好是依戒律,所有的存粮不留到隔天,我们把钱布施捐献出去,今天钱用了,明天自有明天的来,如此才会不断精进,生生不息地努力。

(十) 观光朝圣

现在的寺院大部分都设有朝山会馆、会议室、客堂等,提供来山者一个招待、联谊的地方,这种接受朝圣参访观光的方式,可以增加寺院的经济来源。它不仅是佛教圣地,只给来山者观光而已,并且在提供饮食、住宿服务外,还具备给予佛法、人情、信心、文化、教育等功能,更是一个心灵净化的修行圣地。

(十一) 社会事业

一般人对社会事业如养老院、孤儿院、医院等,比对宗教还认同,例如基督教办学校、开医院,赚了大家的钱,大家还都赞美他们。过去,佛教徒因为没有办事业,常为人所诟病,但现在佛教界也觉悟到要办养老院、育幼院、幼儿园、学校、医院等。

社会上一般人也有这样的情况,请他盖寺庙、参与文教弘法,不太容易,如果是盖医院、救济院,便很容易劝募。因为捐钱做慈善事业,他会觉得:"我捐1万元,我是慈善人士。如果捐给寺庙,却没有人知道。"

捐钱给寺庙是很了不起的,他必定了解到文教事业的重要,对宗教信仰也有不同的看法。捐钱给慈善事业的人,此生能得好名、善名,捐给寺庙是一份功德,它是来生才有,甚至延续到生生世世,这样的眼光比较长远。

(十二) 会员会费

把信徒组织起来成立念佛会、功德会、护法会……会员缴会费就有收入,以此举办多项弘法利生事业。例如日本的创价协会、灵友会、国际佛光会等,都是靠会员缴会费维持。将信徒组织起来,一方面让会员发挥所长,一方面增加会员团结的力量,佛教就会有力量。

(十三) 服务专业

佛教有必要为大众设立安宁病房以供临终者安详往生。为什么?现在社会的居住环境,不允许亡者置放在高楼公寓里,只能冷冻在殡仪馆。亡者家人亲属虽不忍心,但也无可奈何。因此,愈来愈多佛教徒要求,希望寺院设有安宁病房,提供信徒一处安静、安宁往生的地方。目前佛光山万寿园即有此设备,使信徒安心,临终者得以安详往生。

(十四) 文教化导

文教化导是指出版书刊、设立书店,社教馆开办才艺班、亲子班、安亲班……设立这些文教事业,一方面因应现代社会生活结构,另一方面,也可以提供社会大众另一种教育。

(十五) 实业经营

实业经营是指像唐朝时期,佛教开立当铺、油坊、药材店、花店……增加寺院收入,或者像过去的中国大陆焦山上的寺庙,出家人擅长书画,每有人来山参访,欣赏欢喜者给予随喜赞助,因此他们不需化缘,依靠这些字画可以维持寺院经济生活。

(十六) 弘法事业

佛教创办广播电台、电视台,发行报纸、设立各级学校、网络信息中心,乃至托钵行脚、园游会、义卖、各种文物展览……以此种种事业弘扬佛法,多少增加一些经济收入。

以上为佛教寺院经济的来源,可说是"佛教经济十六门论",虽然各有不同,不过,更重要的是,用钱之道比来源更重要。

1998年1月9日讲于佛光山台湾佛教寺院行政管理讲习会